eビジネス新書

No.371

週刊 **東洋経済**

㊙

富裕層㊙マネー学

参照指数:日経平均株価

- ■期　間　約4年9ヶ月
- ■利率(税引前)　年1.
- ■募集期間　2020年12月17日(木)

円建／早期償還条項付 日経

■期間	5年
■利率	【当初3ヵ月 固定利率】年2.5
	【以降4年9ヵ月 変動利率】年2.5
	年0.10

■参照利率(税引前)
当初 約2ヵ月間
以降 4年9ヵ月間

1.
7.0
1.0
0.1

■期間　約4年11ヵ月

利率　年率10.20%
(固定、3ヵ月毎税払い、税引前)

者:フィンランド地方金融

利　率	初回利払日 2021年3月22日：年率 1.00% ～ 3
利　払　日 (年4回払い)	2021年6月22日以降、利率判定日*のS&P500

利率判定水準　当初S&P500*の **85%**

利率判定水準以上の場合：
利率判定水準未満の場合：

(ノックイン60)

| 場合 | 年6.50% |
| 合 | 年1.00% |

JN036113

週刊東洋経済eビジネス新書　No.371

富裕層マル秘マネー学

本書は、東洋経済新報社刊『週刊東洋経済』2021年1月9日号より抜粋、加筆修正のうえ制作しています。情報は底本編集当時のものです。（標準読了時間　90分）

富裕層マル秘マネー学　目次

「肉食系富裕層」の実態

2020年夏、都内の企業で副社長を務める40代の男性は悩んでいた。

「今のままの長期安定運用でいいのだろうか」

この男性は、今から10年ほど前に脱サラして仲間と会社を設立。それから6年後に株式上場を果たした。

外資系企業のサラリーマン時代の年収は2000万円程度。貯蓄を含めた資産は1億円ほどだった。サラリーマンにしては多いほうだが、上場を機に資産規模はさらに大きくなる。その後、自社株の一部を売却、現在の資産規模は50億円程度という富裕層だ。

サラリーマン時代、財務畑が長かったこともあって、もともとは安定志向。「米国債を中心にした運用で、年2～3％程度の利回りがあれば十分生活できる」として、債券を中心に、株式と不動産も少々といった長期安定運用に徹していた。

ところがだ。2020年夏あたりから、運用に対する意識が変わり始める。きっかけは新型コロナ。「このままでいいのだろうか」と考え始めたというのだ。

株・債券以外の資産へ

男性は、「新型コロナによって、『いつ何が起きてもおかしくない』と思うようになった。ましてや、アフターコロナの時代など、どうなっているのか誰にもわからない。であれば、稼げるときに稼いで資産を殖やしておきたい。そこで、資産運用のアドバイスを受けていたプライベートバンカーに相談、短期投資にも挑戦することにした」と言う。

新型コロナの影響で、株式は一時大きく値を下げたものの、その後、政府の財政出動によって持ち直し、高値をうかがっていた。

「この段階から株式に投資しても大きなリターンは狙えない。だったら多少リスクは高くても、もっとリターンのいいものに投資しよう」と方針転換することにしたのだ。

とはいえ、やはり最初はリスクが比較的低い金のETF（上場投資信託）からチャレンジしたという。コロナショックでの資産逃避先という意味合いに加え、「将来、法定通貨の信頼が失われた際に備えたいという思いもあった」からだ。

しかし男性は、ここから大きく舵を切る。新型コロナの影響をもろに受けていた米国の航空会社やエネルギー関連会社の社債やETFなどに次々と投資。アフターコロナを見据えた先買いの値上がり益を狙うようになったのだ。

さらに、ハイリターンではあるものの、物価上昇や通貨安が続きリスクも高いとされるトルコ債券も購入。いずれも「満足のいくリターンを得ている」と男性は胸を張る。

富裕層の資産運用についてアドバイスしている外資系金融機関のプライベートバンカーによれば、「新型コロナをきっかけに、運用姿勢を転換する富裕層が増えている」

という。

「これまでは長期の分散運用を基本としていたが、コロナ禍後の経済情勢の中で、資金を寝かせておくことは逆にリスクと考え、短期投資に切り替える富裕層が増えている」（プライベートバンカー）というのだ。

さらに「これまで以上にリスクを取り始めている」（同）という。背景としては、前出の男性同様、「株や債券では、儲けが出づらくなっている」（同）ことが大きい。

日経平均株価は２０年春から２０年末にかけてほぼ右肩上がりで２万６０００円を突破。一方、国債の利回りは日本のみならず米独でも惨憺たる状況。これでは大きく儲けることは難しい。

そこで富裕層は、これまで手を出してこなかったさまざまな金融商品を物色、リスク許容度を引き上げ、より大きなリターンを狙って積極的に投資し始めているわけだ。

株や債券は儲けにくい

■ 日経平均株価は高値圏 —日経平均株価の推移—

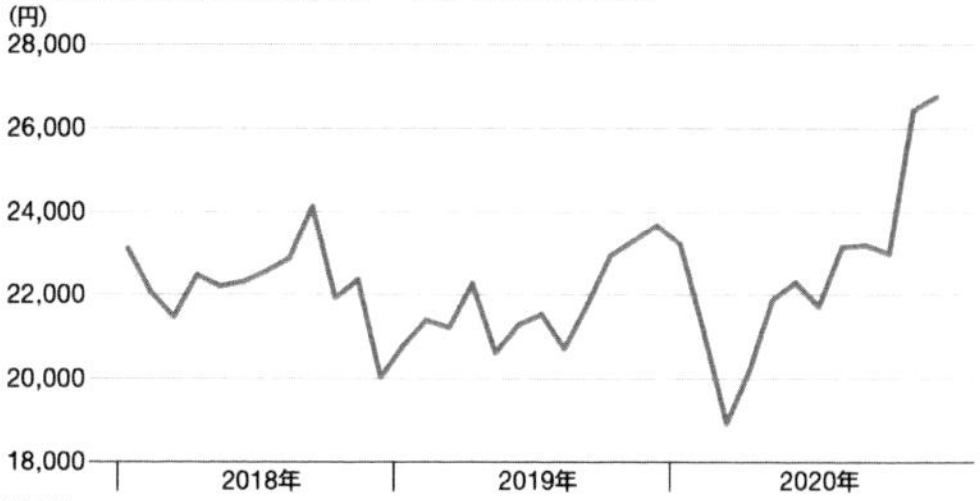

(出所)QUICK

■ 先進国の国債利回りはほぼゼロ —日米独の10年債利回りの推移—

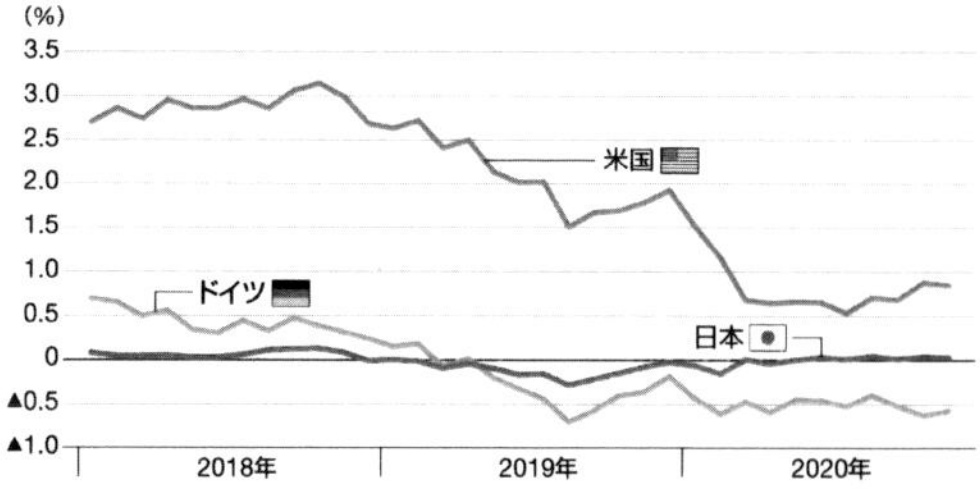

(注)▲はマイナス　(出所)QUICK

究極は未上場株投資

では、富裕層はどのような金融商品に投資しているのだろうか。次表をご覧いただきたい。これは、主な投資商品について期待できるリターンとリスクを併せてまとめたものだ。

ハイリターン商品に流入する富裕層マネー
—主な金融商品の平均的なリターンとリスク—

投資先	期待リターン／年	リスク（ロー／ミドル／ハイ）
国債	0.05%	ロー
金	~3%	ロー
社債	~5%	ロー
変額保険	~6%	ロー〜ミドル
REIT（不動産投資信託）	~7%	ロー〜ミドル
不動産投資	~10%	ロー〜ミドル
ETF（上場投資信託）	~10%	ロー〜ミドル
投資信託	~15%	ロー〜ミドル
ヘッジファンド	~30%	ロー〜ミドル
外貨預金	~5%	ミドル
仕組み債	~10%	ミドル〜ハイ
株式投資	~100%	ミドル〜ハイ
商品先物取引	~200%	ハイ
FX（外国為替証拠金取引）	~200%	ハイ
仮想通貨	~300%	ハイ
未上場株投資	~1000%	ハイ
ソーシャルレンディング	~10%	ミドル
太陽光発電投資	~10%	ミドル〜ハイ
トランクルーム経営	~30%	ミドル〜ハイ

富裕層のみならず、一般の投資家もローリスクからミドルリスクの国債や金、社債、REIT（不動産投資信託）、投資信託などには投資している。だが、これらの商品はおおむね、最大でも年率15％程度のリターンしか得ることができない。

富裕層になると「これでは物足りない」（ある富裕層）。もちろん資産のすべてをつぎ込むわけではなく、あくまでも一部だが、値動きがあって高いリターンを得ることができる可能性の高い投資商品を「〝スパイス〟としてポートフォリオに組み込みたい」（同）と考える富裕層は少なくない。

そのためコロナ禍の中で、ヘッジファンドをはじめ、仕組み債や商品先物取引、FX（外国為替証拠金取引）、そして仮想通貨（暗号資産）などに投資し始める富裕層が増えている。リスクは極めて高いが、100％から300％というハイリターンを得ることができる可能性を秘めている。

自ら会社を上場させ、多額の資産を得た経験のある企業経営者たちは、その成功体験から、上場前の企業に投資する「未上場株投資」に向かう人が多い。

10社に投資して1社でも上場すればいいほう。かなりのハイリスクであるため

「究極の投資」ともいわれるが、投資先企業が大化けして上場し、株価が上がれば、とてつもなく大きな利益となって返ってくる。目利き力がある富裕層でなければできない投資だ。

ランドバンキングにも

富裕層は、趣味の品にも投資している。都内で会社を経営している富裕層は、「古くなっても価値が失われない物に、趣味と実益を兼ねて投資している」と明かす。

その1つがクラシックカー。2014年にはフェラーリ250GTがオークションに出品され、3811万ドル（日本円にして約40億円）の値がついている。1962年から63年にかけて1台1台ハンドメイドで製造された幻の車で、その希少性が値を吊り上げたのだ。

英国の大手不動産コンサルティング会社ナイトフランクがぜいたく品への投資のリターンを数値化した「ぜいたく品投資指数」によると、クラシックカーはこの10年間で490%増となっているほどだ。

「フェラーリは人気が高く、値が落ちないどころか、どんどん高くなっていく。乗って楽しみながら投資リターンも得られて一石二鳥だ」とこの富裕層は語る。

さらにぶっ飛んでいる富裕層もいる。仮想通貨から投資の世界に足を踏み入れたという40代のIT企業経営者が投資しているのは、海外の土地だ。

インドネシアで「第2のバリ島」と呼ばれリゾート開発が計画されているロンボク島をはじめ、フィリピンの東南アジア競技大会の予定地などを安値で購入。開発に伴って値が上がったところで売却する「ランドバンキング」を手がけているのだ。

「情報が命で、投資家同士の口コミで投資している。未開発の土地で不動産価格も低いので数千万円レベルで購入でき、数億円に化けることもある。企業経営者をはじめ、多くの日本人富裕層が手がけている」と経営者は明かす。

このように富裕層は、一般には知られていない、さまざまなものに投資し、大きなリターンを得ているのだ。

そこで本誌では、1億円以上の金融資産を保有する富裕層の資産運用術を徹底取材。

「お金の達人」たちのポートフォリオとともに、具体的なノウハウを紹介する。
とはいえ、彼らが投資しているものはいずれもハイリスクなので注意が必要。安易に飛びつくと大きな損を抱えてしまうこともある。百戦錬磨の企業経営者でさえ、詐欺に巻き込まれているからだ。そうしたリスクについても併せて考察しているので参考にし、ハイリターン投資を目指していただきたい。

（田島靖久）

コロナ禍で膨らむ富裕層資産

「さまざまな批判があるのは十分承知しているが、われわれにとって安倍さんは非常にいい人だった」

2020年8月末に突然、体調不良を理由に退陣表明した安倍晋三首相（当時）について、地方で会社を上場させた経営者の男性はこのように評する。

「安倍さんが首相になった12年末以降、株価が大きく上がった。そのおかげで、私たちは富裕層になれたのだから」

この男性は、以前から株式投資をしていたことに加え、会社を上場させたことで多くの自社株を保有。そうした株が、アベノミクスなどによる株高で大きく値上がりして、資産規模が5億円余りまで膨らみ、めでたく富裕層の仲間入りを果たしたのだ。

野村総合研究所が2年に1度発表している日本の富裕層に関するリポートを見ると、確かに2013年以降、富裕層になった人が一貫して増加していることがわかる。

これは、預貯金や株式、債券、投資信託、一時払い生命保険、年金保険など、世帯として保有する金融資産の合計額から負債を差し引いた「純金融資産保有額」が1億円以上5億円未満の「富裕層」と、5億円以上の「超富裕層」について、世帯数計と、それぞれの資産保有額合計の推移をまとめたものだ。

■ 増加傾向が顕著な富裕層
―超富裕層、富裕層の純金融資産保有額と世帯数の推移―

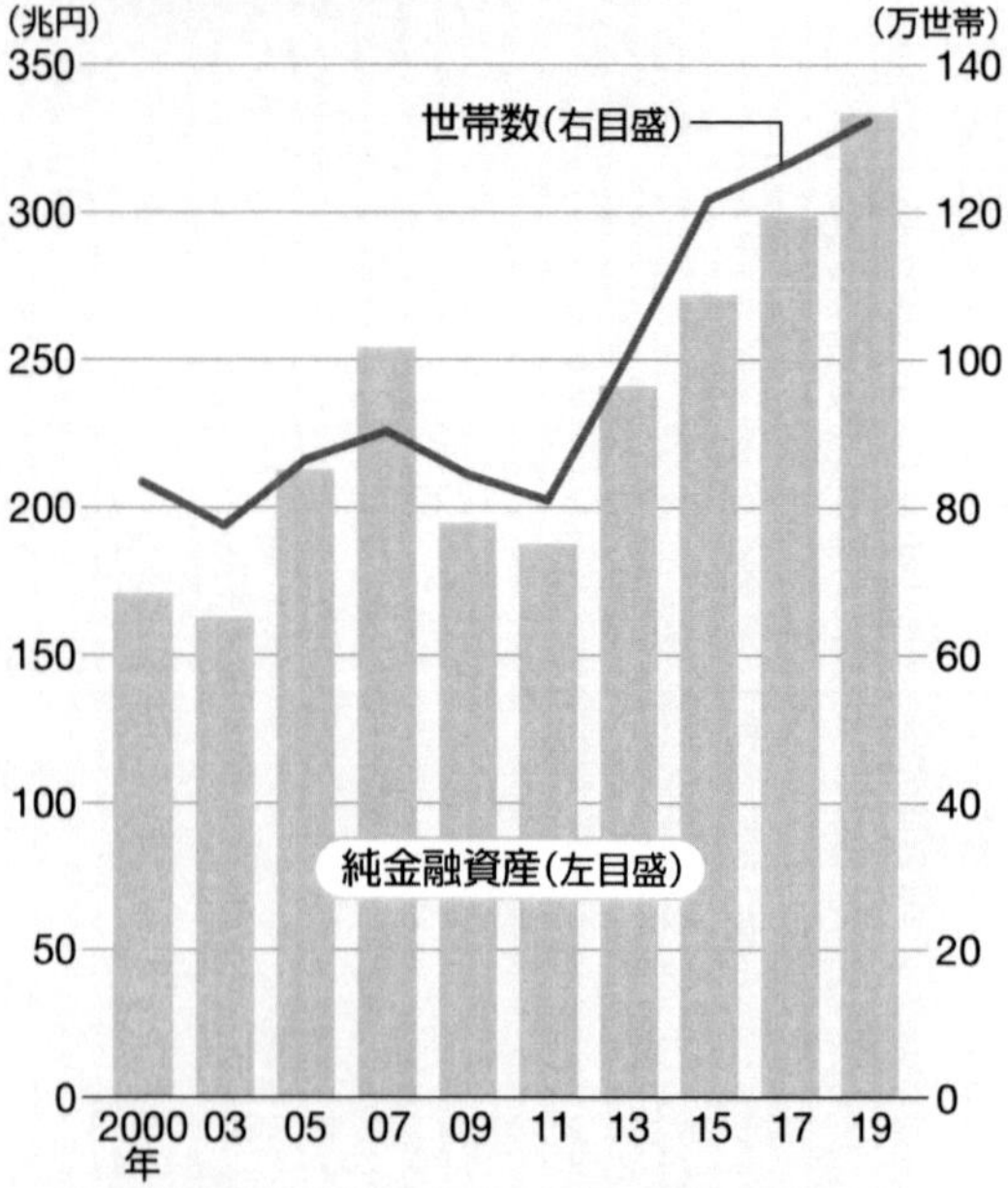

(注)「超富裕層」は世帯の純金融資産保有額が5億円以上、「富裕層」は同1億円以上5億円未満　(出所)野村総合研究所

直近の2019年を見てみると、富裕層の世帯数は124万で保有資産の合計額は236兆円、超富裕層は8万7000世帯で保有資産は同97兆円となっている。

その結果、富裕層と超富裕層を合わせた世帯数は、05年以降で最も多かった17年より6万世帯も増加。資産保有額もこの2年間で34兆円増えている。

世帯数、資産保有額ともに10年近くにわたって右肩上がりを続けている理由について、野村総研は「株式などの資産の価格上昇により、富裕層・超富裕層の保有資産額が増大したことに加え、金融資産を運用している準富裕層（5000万円以上1億円未満）の一部が富裕層に、そして富裕層の一部が超富裕層に移行したため」としている。

各国政府の支援次第

では、コロナ禍に見舞われた20年以降、富裕層、超富裕層はどのように推移しそうなのか。

富裕層に詳しい専門家によれば、「短期的にみれば、世帯数は微増、もしくは横ばいかもしれないが、資産保有額はさらに伸びるだろう」という。

というのも、新型コロナウイルス対策で各国政府がさまざまな金融支援策を実施したことにより、世界にはマネーがあふれている。

そのため、株をはじめとする金融資産にどっとマネーが流れ込み、株価が大きく上昇。それ以外の金融資産についても価値は膨張を続けている。その結果、富裕層、超富裕層の資産保有額も大きく膨らむとみているわけだ。

ただし、「そうした状況がいつまでなのかは不透明だ」と専門家は言う。

「コロナ禍が長期化しており、各国政府の金融支援がいつまで続くのか。そうした支援策が息切れしたとき、企業倒産が相次ぐなど景気が一気に冷え込む可能性がある。そうなれば株価も下落、富裕層の資産が大きく毀損する」

もちろん、富裕層や超富裕層もそうした可能性についてはすでに意識しており、今まさに新たな資産に投資するなど、投資行動を大きく変化させている。

（田島靖久）

資産運用マル秘テクニック

一口に富裕層の儲け方といっても、その投資スタイルはさまざまだ。

「資金が多ければ、リスクを取らない低い利回りの運用でも、お金は殖える」（首都圏に土地を持つ80代の地主）という安定志向の人もいれば、「ユーチューブなどで日々新しい情報を仕入れて、儲かりそうな投資先を探している」（40代のベンチャー企業経営者）というアグレッシブな富裕層もいる。

投資スタイルが違うのは、それぞれの富裕層の年齢や資産規模などに応じて、求めるリターンが異なるからだ。

ここでは、富裕層を4つのタイプに分類した。それぞれのタイプが求めるリターンと、どんな資産に投資しているかについて紹介しよう。

理想の資産配分は

次の図は、富裕層に対し資産運用のアドバイスを行っている世古口俊介氏に聞いた、タイプ別のポートフォリオのイメージだ。

期待するリターンで資産は変わる

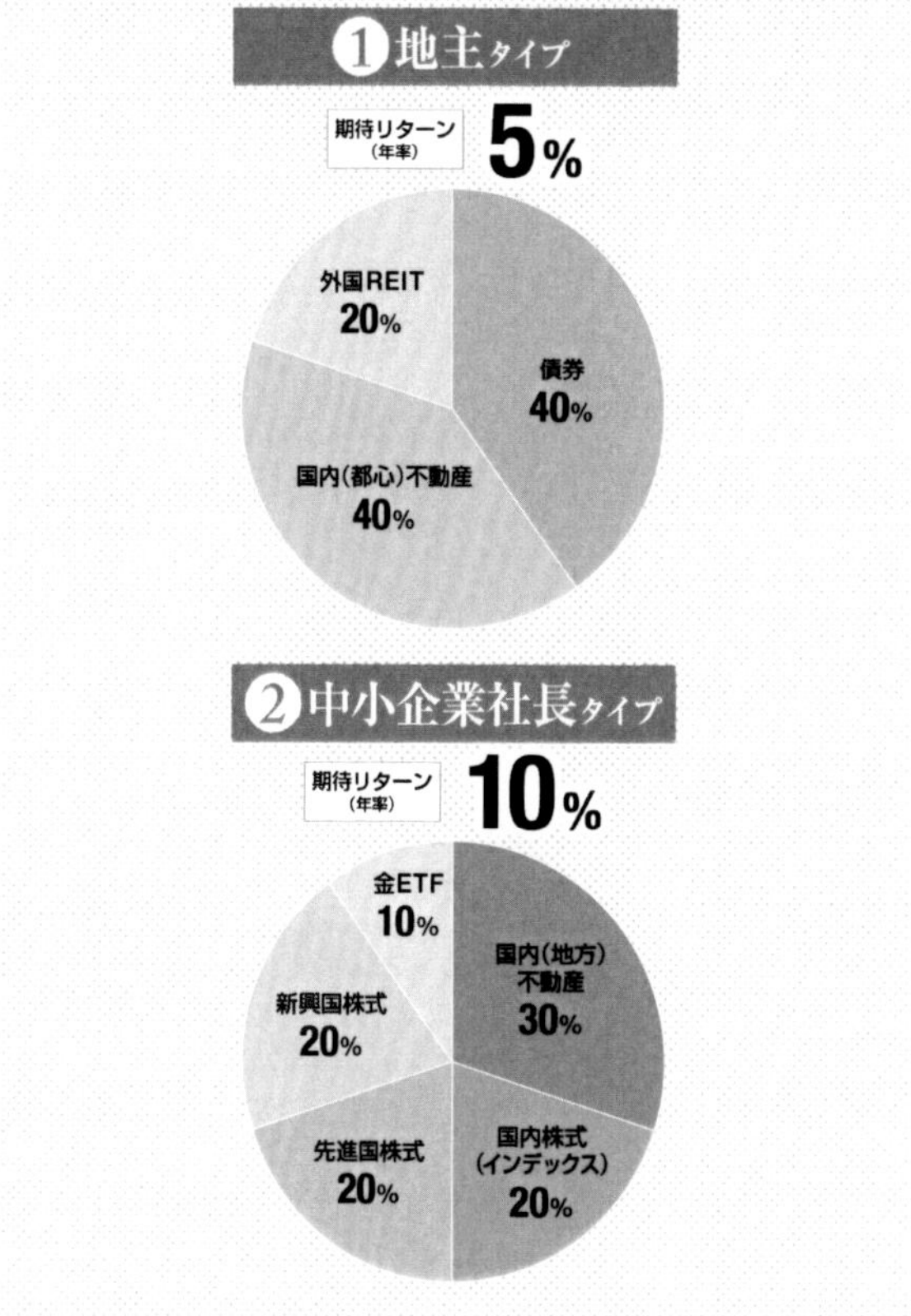

③外資エリートタイプ

期待リターン（年率） **15～20%**

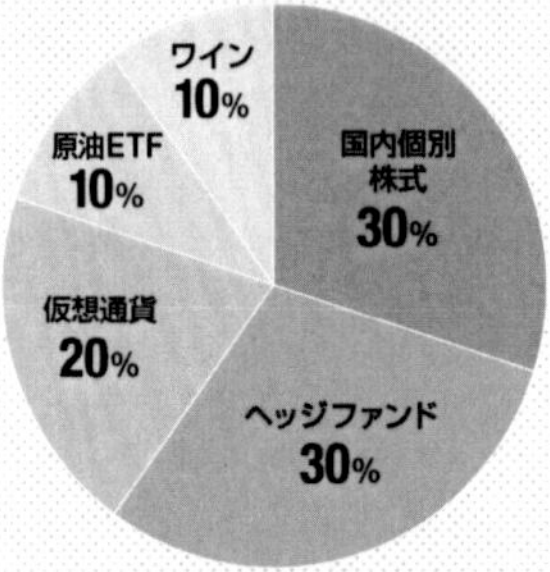

④IPO長者タイプ

期待リターン（年率） **100%**

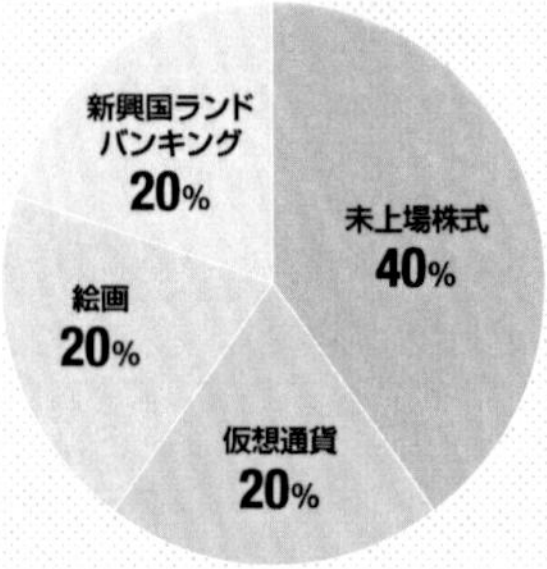

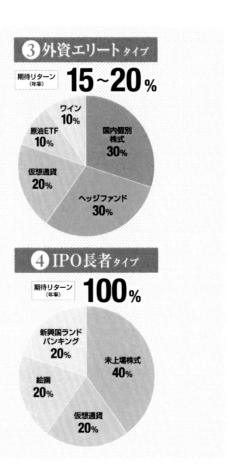

安定志向が最も強いのは「地主タイプ」だ。

求めるリターンは年率5%と、かなり低い。前出の首都圏地主の発言からもわかるとおり、すでに資産規模が大きく、低いリターンでも十分な収益を上げることができるからだ。どちらかといえば、殖やすよりも減らさないことを重視した運用スタイルである。

このタイプの富裕層は必然的に、資産運用に占める不動産の比率が高い。自ら所有する都心の土地に建設したビルの賃料などで収益を上げていくのだ。

ほかには、リスクが低く利回りも安定している国債や社債への投資が多い。

2つ目は「中小企業社長タイプ」。地主タイプより資産規模は小さく、求めるリターンは10%と少し高くなる。

さらに彼らは、相続税対策や事業承継後の安定収入確保も念頭に置いた運用を目指す。

その運用先として最も好まれるのは、またしても不動産だ。といっても、地主タイプのように都心の土地を持つのではない。資産規模に応じて、郊外や地方の物件に分散投資するケースが多い。

不動産投資だけで10％の利回りを得るのは簡単ではない。そこで、インデックス（指数）連動型運用を中心に株式にも積極的に投資する。国内はもちろん、先進国や新興国の株も組み入れることが多い。一方で、安全資産である金や金ETFにも投資することで、リスクを分散する。

次のタイプは「外資エリートタイプ」。前出の2タイプより若く、将来の安定した生活を確保するために資産を殖やすことへの関心が強い。

まだ富裕層ではないが、将来的に目指している準富裕層もいて、15〜20％と高いリターンを目標としている。当然、これまでのタイプよりもリスクの高い資産がポートフォリオに入ってくる。

運用のメインは株式投資だ。インデックスよりも価格の変動が大きい個別株に投資し、より大きなリターンを目指す。

金融やテクノロジーに対する理解も深いため、仮想通貨やヘッジファンドなど、最新の投資テーマもポートフォリオに組み入れることがある。

彼らは、終業後の時間も投資に充てる。情報を集めるのはもちろんのこと、1日数時間パソコンの前に座り、FX（外国為替証拠金取引）にチャレンジするという積極的な人もいる。

最後に紹介するのは、期待リターン100％と、一獲千金を狙う「IPO（新規株式公開）長者タイプ」だ。自ら立ち上げた企業を上場させ急激に資産を殖やした人たち。株の一部を売却し、非常にキャッシュリッチな人もいる。

彼らが運用先として好むのは、かつての自分と同じように上場を目指す未上場企業の株式。当然、上場に至れば数倍のリターンが得られる。情報が入手しづらい未上場株式に個人が投資するのは簡単ではない。が、彼らは自らが持つ人脈を駆使して、有望なベンチャーを探し、投資するのだ。

車や絵画といった商品に対する投資にも積極的であることが多い。

当然、これらの投資はリスクも大きいのだが、「もともとなかったお金だから」（ベンチャー経営者）と、リスク上等で投資に臨んでいる。

このように、期待するリターンを設定すれば、投資すべき資産も見えてくる。ここからはそれぞれのタイプごとに、より詳細な資産の特徴やその資産に投資するテクニックを見ていこう。

（藤原宏成）

① 地主タイプ

債券で高利回りを狙う

「お金が儲かれば幸せになれるのでしょうか。お金を稼ぐほど、悩みや苦しみに陥ることもありますよね」

東京・銀座のとあるビルの応接室で、土地やビジネスを代々引き継いできたオーナーは静かに語り始めた。そして、「株のように毎日値が動くものは、考えるだけでストレスになる。だから、できるだけ持たないようにしているのです」と説いてくれた。

彼のように、両親や祖父母などから資産を引き継いできた〝地主タイプ〟はいったいどのようにして資産を運用しているのだろうか。

10億円以上の資産を持つ富裕層の資産運用を担当するプライベートバンカーたちが異口同音に明かすのは、「本物の富裕層になるほど、資産を殖やすのではなく減らさないことに注力している」という実態だ。

富裕層ほど安定を好むという仮説には、有力な証拠もある。ある大手金融機関の富裕層部門で最も売れている金融商品は、個人向け国債だというのだ。

個人向け国債とは、その名のとおり、国が個人に向けて発行する債券のことだ。購入後、半年ごとに利子を受け取ることができ、満期になると全額払い戻される。

ただ現在の利回りは、償還が10年後に設定されているものでも、年率でたったの0・05%しかない。国債を100万円分買ったとしても年に500円しか受け取れない計算だ。それでも、国が破綻しない限り必ず元本が返ってくるため、銀行預金以上に安定している。リスクの低さは折り紙付きだ。

しかも、10年満期の国債は変動金利型で、半年ごとに適用利率が更新される仕組みになっている。タイムラグはあるが、仮にインフレーションになっても、資産の価値は大きく毀損せずに済む。

国債と同様、基本的に値動きを気にせず、持っていれば自然とリターンが得られる商品に、企業の発行する社債がある。仕組みは国債とほとんど同じだが、国よりも企業のほうが破綻リスクは高いため比較的高いリターンを得られる。

債券投資の魅力

例えば、ソフトバンクグループが2019年に発行した個人向け円建て社債（第56回無担保普通社債）を見てみると、償還期限が7年後の26年で、利率は年1・38％となっている。

破綻リスクが低いとされるメガバンクも同様だ。三菱UFJフィナンシャル・グループが20年に発行した個人向けの劣後債（第26回無担保社債）でも、利率は年0・894％と国債より高い。

実は、社債の利回りを上げる方法がいくつかある。1つが、劣後債にすることだ。企業が万が一経営破綻したときには、企業の資産を売却し債権者に分配することになる。そのとき、普通社債のほうが劣後債よりも優先して分配を受けられるため、リスクが低くなる。相対的にリスクが高い劣後債には、相応に高めの利率が設定されるというわけだ。

また、もう少し高い利回りを望むのであれば、外貨建ての社債という選択肢もある。次表に、外貨建て既発社債の例を挙げた。ゴールドマン・サックス・グループやアップルなど米国の企業は当然として、三井住友フィナンシャルグループやトヨタモータークレジットなど、日系企業もドル建てで社債を発行している。しかも、国内で発行されるものよりも高い利率となっている。

もちろん、外貨建てで運用する以上は、円高が進行し想定ほどの利回りは得られないという為替リスクが付きまとう。

また、債券市場は新型コロナウイルス禍に伴う大規模な金融緩和の影響を軒並み受けており、金利が低迷している。超低金利政策が続く日本は言わずもがなだが、米国など外国でも今後5年程度は低金利が継続するとみられている。

それでも、安定を好む地主タイプにとっては、リスクの低い国債や社債がメインの運用方法であることは間違いない。

■社債も選択肢の1つ —主な外貨建て社債—

発行体	利率(%)	通貨	商品属性	償還
シティグループ	5.30	米ドル	劣後債	2044年 5月
バンク・オブ・アメリカ	4.75	米ドル	劣後債	45年 4月
ゴールドマン・サックス・グループ	4.25	米ドル	劣後債	25年 10月
三菱UFJフィナンシャル・グループ	4.15	米ドル	利付債	39年 3月
TWDCエンタープライズ18	4.12	米ドル	利付債	44年 6月
ウェルズ・ファーゴ	4.00	豪ドル	利付債	27年 4月
ロイズ・バンキング・グループ	3.65	豪ドル	利付債	23年 3月
三井住友フィナンシャルグループ	3.20	米ドル	劣後債	29年 9月
トヨタモータークレジット	3.08	米ドル	利付債	23年 4月
アップル	2.20	米ドル	利付債	29年 9月
ボーイング	1.87	米ドル	利付債	23年 6月

(出所)SBI証券のウェブサイトを基に東洋経済作成

仕組み債という〝劇薬〟

総じてリスクが比較的低く、利回りも低い債券というカテゴリーで、10％以上の高金利をうたう金融商品がある。仕組み債だ。余裕資金で高い利回りを得たいと思う超富裕層にとって、1つの選択肢となっている。

仕組み債を得意とするIFA（独立系フィナンシャルアドバイザー）の山口聡氏は、「1口3000万円以上で組成できる私募の仕組み債ならば、われわれが金融機関との間に入り、リターンを得られる確率を上げるために条件を細かく設定できる。お客様のリスク想定に合った商品ならば、有効活用できるはずだ」と語る。

ある40代の富裕層は、1億円の余剰資産を株価指数連動型の仕組み債で運用しているという。「日経平均株価について自分なりの見通しがあり、トライしてみた。仮に損失が出たとしても、リターンを得るためには必要なリスクだと理解している」からだ。

仕組み債を一言で説明すると、債券にデリバティブを組み合わせた商品ということ。

デリバティブとは、株や債券などの原資産から派生した金融商品のことだ。

仕組み債には他社株転換条項付き債券（EB債）や為替レート連動債券などさまざまな種類があるが、その多くが、デリバティブの一種であるプットオプションというものを利用して、高い利率を生み出している。

プットオプションとは、あらかじめ決められた価格で、ある商品を、将来のある期日までに「売る」権利のことだ。

この権利の買い手は、オプション料さえ払えばいつでも権利を放棄できる。一方で、売り手は権利行使に応じる義務がある。義務を負う対価としてオプション料を受け取ることができるわけだ。

■ 高利回りうたう仕組み債の正体 ―プットオプションの概念図―

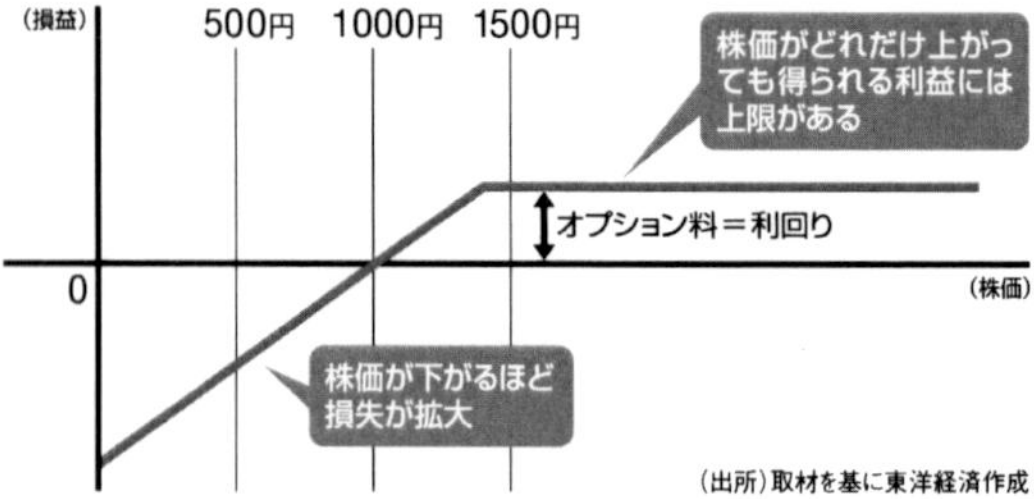

(出所)取材を基に東洋経済作成

先の図でプットオプションの例を説明しよう。権利行使価格が１４００円の株式プットオプションの売り手になったとする。

買い手からみると、株価が一定以上に値上がりした場合には、権利を行使すると損をすることになるので、「１４００円で売る」権利は放棄される。その場合、売り手にはオプション料が利益として入ってくる。

一方で、株価が値下がりした場合はどうなるのか。この場合、プットオプションの買い手は権利を行使する。したがって売り手には、株価がどこまで値下がりしていたとしても、１４００円で株を買う義務が発生する。つまり、売り手にとっての損失は、その企業の株価が下がれば下がるほど拡大していくことになる。

仕組み債では、プットオプションの売り手が投資家、買い手が金融機関になる。例えば、個別企業の株価に連動するＥＢ債を購入した場合、株価がどれだけ上がっても、得られるリターンは限定されている。一方で、後述するノックインに当たり、株式で償還された場合には、株価が低くなるほど損失が膨らむ。

しかも、サヤを抜かれている。単純なプットオプションであれば、オプション料はすべて売り手の取り分になる。ところが、仕組み債を組成している金融機関や販売している証券会社が、オプション料の一部を手数料として回収しているため、投資家が得られる利回りは、本来のオプション料よりも少なくなっている。

つまり、金融機関や証券会社は、仕組み債を販売すればするほど収益を得られるスキームになっているというわけだ。

ほかにも、仕組み債で特徴的なのは「ノックイン」や「早期償還」というルールがあることだ。次の図で説明しよう。

■ ノックイン価格を下回ると元本割れ

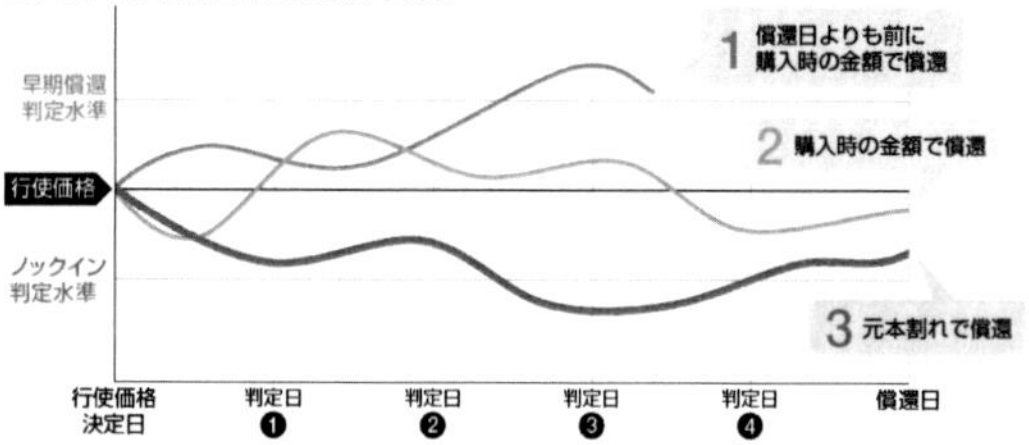

（出所）各社の目論見書、取材を基に本誌作成

例えば、日経平均株価に連動する指数連動型の仕組み債を考えてみよう。仮に日経平均株価が2万6000円の日が行使価格決定日だとすると、2万6000円から4割程度値下がりすると、ノックイン判定水準に接触する商品が多い。4割であれば日経平均1万5600円がボーダーだ。

一度でもノックイン判定水準にタッチし、かつ償還日に行使価格以下だった場合には、元本割れが発生する。日経平均連動型のように1つの指標にだけ連動するのであれば、比較的単純だ。しかし、中には2つ以上の指標や株価に連動する仕組み債もある。

過去に大手証券会社が販売した仕組み債（私募）の中には、株式4銘柄に連動し、1つでもノックインして償還日に基準価格を下回ると元本割れ、最も株価が低くなった銘柄で償還するという複雑な商品もあった。

早期償還で〝中毒〟に

一方で、早期償還（ノックアウト）というルールもある。これは、行使価格よりも一定程度（5％など）値上がりした場合、満期よりも前に契約を終了する仕組みだ。元本は返ってくるが、金利も早期償還までの分しか受け取れない。

一度高い金利を受け取り、早期償還されると、投資家は「次も同じように価格が上がり、儲かるかもしれない」と考えやすい。そこで、証券会社はほとんど同じ設計の商品を用意しておき、早期償還を迎えた顧客向けに販売している。

早期償還を繰り返せば、行使価格は徐々に上がっていく。だが、一本調子で上がる相場はなく、繰り返し買うほど損失を負うリスクが高まっていることに投資家は気づきにくい。これが仕組み債に中毒性があるといわれるゆえんだ。

仕組み債をめぐっては、トラブルも相次ぐ。その多くが、商品の仕組みをきちんと説明してもらえないまま契約してしまい、多額の損失を被ったというものだ。

仕組み債はまさに〝劇薬〟だ。「用法・用量」を守れば効果は抜群でも、一歩間違うと死に至る。リスクをしっかりと把握したうえで投資してほしい。

（梅垣勇人）

定期預金で殖やす裏技

「資産の半分くらいは銀行に眠っている」。あるベンチャー企業の経営者はこう明かす。

彼の会社は数年前に上場を果たした。その後保有していた株の一部を売却し、資産規模数十億円の富裕層となった。現在、資産の半分は株などの運用に充てている。その一方で「お金が減るリスクはそこまで大きく取りたくない」と、残りは銀行に預けているわけだ。

確かに銀行預金であれば、元本が減るリスクはない。ただし、長らく続く低金利環境下で、銀行預金につく金利はほぼなくなってしまった。メガバンクを例に挙げれば、普通預金の金利は0・001%、定期預金でも0・002%だ。

「預金はどこに預けても同じ」と思いきや、実際はそうではない。銀行やキャンペーン次第では、メガバンクの100倍以上の金利を受け取ることもできるのだ。

次の表は、ネット銀行など全国規模で営業している銀行の金利を高い順に示したものだ。定期預金のキャンペーンで0・2%を超える金利を受け取れる銀行もある。金額が大きくなったり、期間が長くなったりすれば、より高い金利も狙うことができる。

■キャンペーンの活用がカギ
―ネット銀行、インターネットバンキングの定期預金高金利ランキング―

	銀行名	金利	備考
1位	商工組合中央金庫 商工中金ダイレクト	0.22%	2021年3月31日までのキャンペーン
2位	あおぞら銀行 BANK支店	0.20%	普通預金でも同様に0.2%の金利がつく
〃	auじぶん銀行	0.20%	21年1月31日までのキャンペーン
4位	ソニー銀行	0.13%	21年2月28日までの特別金利
5位	オリックス銀行	0.12%	3年は0.25%、5年は0.28%

(注)12月14日時点。地方銀行除く。100万円を1年間預けた場合の定期預金利率
(出所)各社HPを基に東洋経済作成

とくに異彩を放っている銀行がある。2位の「あおぞら銀行 BANK支店」だ。なんと、普通預金の金利も定期預金と同じ0・2%となっており、業界最高水準。普通預金は満期がなく、いつでも入出金ができる。

しかも、これはキャンペーン金利ではない。変動金利であるため、今後下がる可能性はあるものの、「業界ナンバーワン金利は維持していく」(中井剛支店長)としている。あおぞら銀行の顧客の中心は、金融資産3000万円以上の準富裕層から富裕層。年齢としては60代が中心だ。

それに対し、インターネット支店であるBANK支店の顧客層は、平均43歳と若めになっている。高い金利は、新規顧客獲得に向けた戦略の1つというわけだ。

これから投資を始める層はもちろんのこと、富裕層にとっても恩恵は大きい。預ける金額が大きければ大きいほど、金利のメリットを享受できるからだ。

実際、同支店の平均預金残高は400万円と、ほかのネット銀行と比較しても高めだ。当然「預金以外にも金融資産を持っていて、投資経験のある顧客が多い」(中井支店長)という。

さらに、ＢＡＮＫ支店に口座を持っていれば、富裕層との取引経験の多いあおぞら銀行の有人店舗で資産運用や相続のコンサルティングを受けることもできる。ネット上での金融商品販売も拡充していく方針だ。

こうした付随サービスも「どこに預けるか」を決める際に考慮したいポイントの１つとなってくる。

地銀も選択肢に

地方銀行や信用金庫でも定期預金で高い金利を設定しているところは多い。例えば愛媛銀行のインターネット支店である「四国八十八カ所支店」は、１００万円限定で０・２７％の定期預金を提供している。

退職金をもらった人は退職金定期預金を活用する方法もある。退職後の一定期間に限り、高い金利で預けることのできる定期預金だ。中には１％を超える金利を提供する銀行もある。

口座の管理は複雑化するが、より高い金利がつくタイミングを狙って複数の銀行に預金し、満期が来たら次の銀行に移すことで、着実にお金は殖える。銀行を使い倒せば、眠っていたお金を生かすことができそうだ。

（藤原宏成）

② 中小企業社長タイプ

不動産・金で高み目指す

「投資を始めてからこれまで全戦全勝です」。そう自信をのぞかせるのは、首都圏を中心に不動産投資をする40代の投資家だ。

この投資家が投資の世界に足を踏み入れたのは今から6年前のこと。当時勤めていた会社を辞め、退職金の一部である400万円を元手に不動産投資をスタートさせた。現在の総資産は5億円を超え、富裕層の仲間入りを果たしている。

「始めた当初は投資の経験は皆無。もちろん不動産に関する知識もなかった」(投資家)。そのため、不動産投資のスクールに通うところから始め、そこで得た知識を基に投資を続けてきた。

全戦全勝の極意

次のグラフは、前出の投資家がこれまでに行った不動産投資と、総資産の推移をまとめたものだ。

■ 6年間で400万円が5億円に
―ある不動産投資家の総資産―

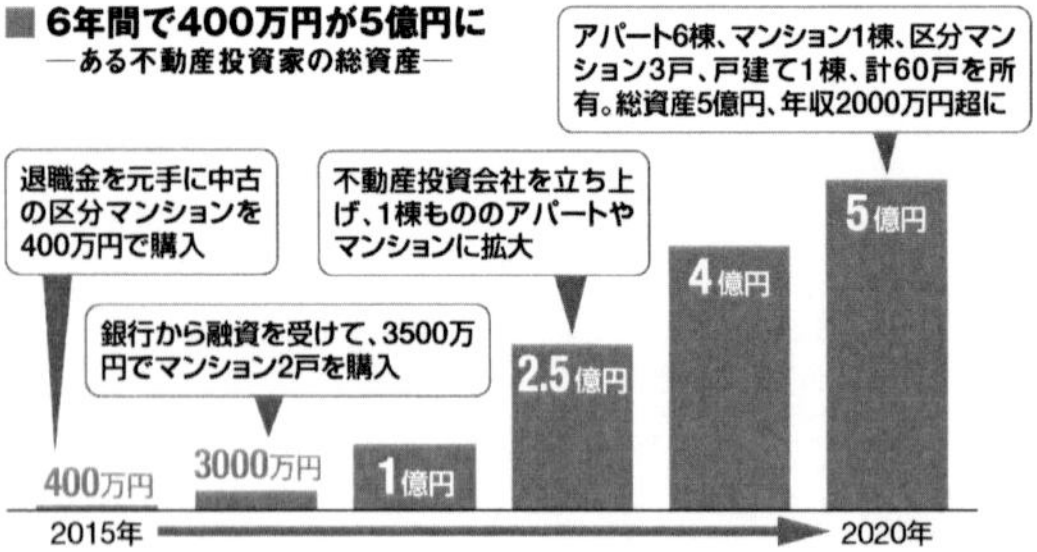
アパート6棟、マンション1棟、区分マンション3戸、戸建て1棟、計60戸を所有。総資産5億円、年収2000万円超に
退職金を元手に中古の区分マンションを400万円で購入
不動産投資会社を立ち上げ、1棟もののアパートやマンションに拡大
銀行から融資を受けて、3500万円でマンション2戸を購入
400万円
3000万円
1億円
2.5億円
4億円
5億円
2015年
2020年

最初に買ったのは、神奈川県にある400万円の中古区分マンション。そこで経験を蓄積しつつ、本格的に投資する物件を探した。そして銀行から融資を受け、都内のファミリー向けマンションを3500万円で2戸購入した。

いずれも利回りは年8%程度と高め。加えて、資産価値も上がり、最初の物件は後に425万円で売却できた。

実績を積むにつれ銀行の姿勢も変わり、積極的に融資してくれたという。その後は融資を最大限活用しながら次々に物件を購入。今ではアパート6棟、マンション1棟、区分マンション3戸、戸建て1棟を保有し、戸数も計60戸まで拡大した。結果、家賃収入のみで年間2000万円以上を手にするに至っている。

スルガ銀行の不正融資事件以降、銀行は融資に慎重になり、フルローンで購入できるケースはほとんどなくなった。しかし、「融資自体が受けられないわけではない。安定的な収益で自己負担分を確保しつつ実績を出せば、十分に資産規模は拡大できる」と、この投資家は語る。

勝利の秘訣は「物件選び」にあるという。「最初はタワーマンションなどには手を出さず、利回り8~9%の少し古い物件のみに絞ったほうがいい」というのだ。自己資金が多く必要なうえに、管理費で利回りが低くなるタワーマンションよりも、古めの物件のほうが高いリターンを得られるからだ。

そうした物件は空室リスクが高いようにも思えるが、この投資家の場合は「コロナ禍でもまったく影響はなかった」という。

「仮に東京23区の空室率が30%に上昇したとしても、それは賃料がマッチしていないから。よほどひどい物件でなければ、物件に見合った賃料を設定しさえすれば大丈夫」(同)というわけだ。

古すぎたり、坂道や階段がある不便な立地だったりといった物件を避け、ある程度の広さを確保できれば、賃料次第で部屋は埋まるというのだ。

今後は土地を買って、自ら1棟ものを建てることを目指している。「経験を積めば、入居者のニーズも見えてくる。自分と入居者双方にベストな物件を造りたい」と語り、資産規模のさらなる拡大に向け、野心を燃やしている。

不動産は株などに比べ価格の変化が緩やかなうえ、賃料という安定的な収益源を確保しやすい。しかもその利回り水準は3~10%と比較的高め。加えて、現物資産として残すこともできる。

金融資産はある程度殖やしたいが、元本が大きく毀損するようなリスクは負いたくない。そう考える中小企業の社長のような人たちに適した投資先といえるだろう。さらにいえば、自社を経由して投資を行うことで、事業承継の際の相続税対策になるメリットも大きい。

もう1つ、別の視点から見た魅力は、「不動産投資はビジネス」(別の不動産投資家)であるということ。相場と向き合うだけの株などとは違い、「賃料をいくらにするか」「リフォームをすべきか」といったことをじっくりと考え、取り組むことができるのだ。「実際に自分が行動すれば、その分だけ成績が上がる。それが何よりの楽しみ」(同)というわけだ。自ら会社を経営してきた中小企業の社長にとって、そうした〝楽しさ〟が得られるという点も魅力的かもしれない。

「金」に投資妙味

中小企業社長タイプに適した投資として、「金」への投資も挙げられる。

金は不動産と同様の現物資産。価格の変動こそあるものの、その希少性からほかの金融商品のように価値がゼロになることはない。

金の特長はその普遍性と、ほかの貴金属と比較しても流動性が高いことだ。そのため、リスクオフの際に資金を逃避させる先として知られている。

足元のコロナ禍で金価格は大幅に上昇。2020年8月7日には、金先物価格が1グラム＝7032円と、初めて7000円を突破した。各国政府が財政を拡張している中、将来的なインフレリスクを考慮して金が買われているのだ。

さらに世界の金融当局が、こぞって低金利政策を強めている。各国の通貨や債券の投資妙味が薄まっていることも金価格の上昇に拍車をかけている形だ。

そうした中で人気を博しているのが「金ETF（上場投資信託）」だ。直接的に金を保有するわけではないため、保管料や年会費などのコストがかからない。保有する資産の中でリスクを分散させたいと考える人には有望な選択肢だ。

都内のある経営者は20年5〜6月、金ETFに3億円程度を投資した。「航空などリスクの高いテーマにも投資していたため、安全資産として選んだ」という。

金価格の上昇を受けて、採掘業者や鉱山を保有する企業の株を集めた「金鉱株ETF」にも1億円程度を投じた。一時は数千万円の含み益が出ており、価格が落ち着いた今でも含み益がある状態だ。

安全資産といっても、長期保有が前提というわけではない。「今は動かせないが、コロナ禍の中で再び上昇する局面が来るはず。そのタイミングで利益を確定したい」とこの経営者は考えている。

世界の投資家も同じように考えている様子。ワクチンへの期待などから、11月に金先物価格は6000円程度まで下落。ワールド・ゴールド・カウンシルのデータによれば、世界の金ETFから7100億円もの資金が流出したという。

ただ、金価格は12月に入って再び上昇に転じた。「価格下落によって、機会を逃していた投資家が買い始めている」（金融関係者）との声がもっぱらだ。

新型コロナウイルスが再び猛威を振るい始め、経済への不安は改めて高まっている。その影響度次第では、投資のチャンスが訪れるかもしれない。

（藤原宏成）

仮想通貨・FXで荒稼ぎ

2020年、新型コロナウイルスが猛威を振るい始めた頃、富裕層の資産運用を担うプライベートバンカーたちの元には、ある問い合わせが相次いだ。

内容は「ビットコインに投資したい」というもの。理由を聞いてみると「新型コロナ対策で、各国政府が財政拡張路線に走ったことで、法定通貨の信認が揺らいでいる。そのため、法定通貨以外のところに資金を逃避させたい」というものだった。

つまり「金」と同様、ビットコインは安全資産への逃避策という位置づけ。金の価格が高止まりしているため、仮想通貨に白羽の矢が立ったというわけだ。

実はこの動き、富裕層に限ったものではない。「機関投資家も仮想通貨への投資を増やしている」（金融関係者）という。米大手投資銀行のJPモルガンもそうしたリポートを次々に発表している。

事実、こうした動きは仮想通貨の値動きにはっきり出ている。ビットコインは2020年11月、3年ぶりに最高値を更新。その後も上昇を続け、足元では2万ドルを突破している。

仮想通貨といえば、17年から18年にかけて起きたバブル崩壊のイメージが強い。多くの〝億り人〟を生み出したものの、投機的な投資家たちが中心だったため、あっという間に資金が引き揚げられて暴落した。

しかし、今回の上昇は投資家層が異なる。バブル時に資産を2倍に増やした若手投資家のように、ギャンブル的に投資していた人たちは、「あれだけ大きな下落の後では、怖くて手が出せない」と撤退。代わりに富裕層や機関投資家といったプレーヤーたちが、運用資産の1つとして投資し、主導権を握っているというわけだ。

もちろん、富裕層や機関投資家も、リスクの大きさは意識している。「お金を入れていても、ポートフォリオの数%」(プライベートバンカー)というのが一般的だ。しかし彼らは、保有している資産の規模が大きい。たとえ数%でも買えば、相場は大きく上昇することになる。

投機対象から資産へ

仮想通貨に詳しい金融関係者は「これまでは『投機』の対象だったが、投資対象としての『資産』や『支払い手段』として認識され始めている」と指摘する。

その勢いを加速したのは、米決済大手のＰａｙＰａｌ（ペイパル）が２０年１０月に仮想通貨サービスへの参入を発表したことだろう。

ビットコイン、イーサリアム、ライトコイン、ビットコインキャッシュの４銘柄を対象に、２０年１１月１２日から米国で売買サービスを開始。２１年には、世界に２６００万以上あるペイパルの加盟店で、仮想通貨での支払いができるようになる。投資家たちもこうした動きを歓迎しており、報道直後から相場は急上昇した。

一口に仮想通貨投資といっても、銘柄が多く、何を買えばいいかわからないという人は多いだろう。

だが、富裕層の投資は非常に単純だ。複数のプライベートバンカーによると「顧客が買っているのはほぼビットコイン。時々、イーサリアムを買っている人がいる程度」だという。「仮想通貨の7割程度を占め、流動性が高いビットコインでも十分値動きがあるのでリターンは得られる」（富裕層）からだ。

そのほかにも、「Ｄｅ-Ｆｉ（分散型金融）銘柄など、いくつかキーワードはあるが趣味の域。わからないものには投資しない」「雑所得となるため、税率が最大５５％と高い。メインではないので、リスクが高い新たな仮想通貨はやらない」といった声も聞かれ、やはり人気はビットコインのようだ。

多少リスクを取ってでも高めのリターンを期待する外資系エリートタイプの人は、ポートフォリオの中にビットコインを組み入れるのも手だろう。

経験が物を言うＦＸ

仮想通貨以上のリターンを期待するなら、ＦＸ（外国為替証拠金取引）が選択肢に入ってくる。

関西在住の30代の専業トレーダーは、「12年に30万円の元手からスタート。現在は1億円まで増えた」という。

約10年間で300倍以上ものリターンを得ていたことになるが、上には上がいるという。「上位のプレーヤーになると、年間5億円ものリターンを得ている人もいる」(専業トレーダー)そうだ。

このトレーダーは、毎日23インチのディスプレー3枚と43インチのディスプレー1枚が置かれた仕事部屋で、午前9時から翌日午前2時まで17時間以上、為替のチャートを監視し続けている。

「マンガを読んでいることもあるが、視界にはつねにチャートが入るようにしている。利益が得られそうな局面が来たらすぐさま取引に参加する」(同)

FXの基本は、将来の為替相場が安くなるのか、高くなるのかを予測し、その予測に基づいて通貨を買っておいたり、カラ売り(値下がりした場合に利益が出る)したりしてリターンを得ることだ。

例えば、コロナ禍で大きく為替相場が動いた3月13日。午後8時には1米ドルが約106・4円だったが、約1時間半後には約107・4円まで円安（ドル高）が進んだ。

もし、午後8時の時点で円安（ドル高）になると予想できていれば、米ドルを買っておき、少し後になってから売ることで利益を出せる。

さらに、FXでは最大25倍までレバレッジがかけられる。同じ106・4万円の元手で取引をしても、レバレッジが1倍では1万円の利益だが、25倍にすれば25万円の利益が得られる。

一方で、万が一予想が外れれば、25万円を一気に失う可能性もある。実際には5～15倍程度のレバレッジで取引している人が多い。

■ レバレッジの効果は絶大
—2020年3月13日の米ドル円相場—

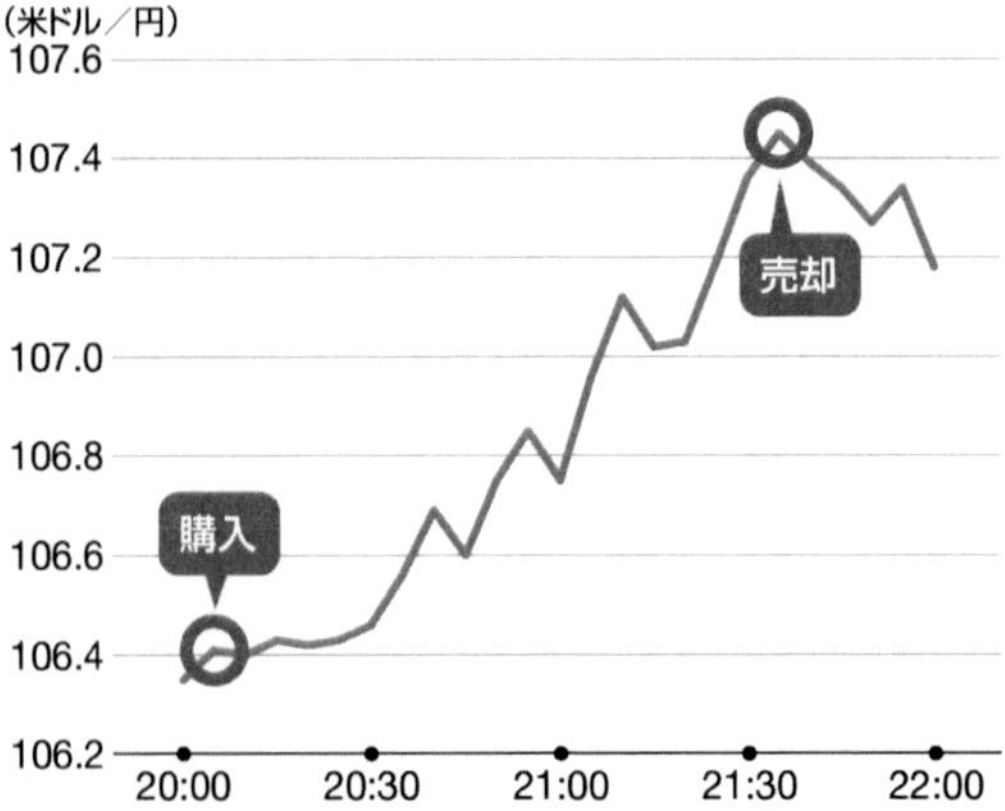

（出所）QUICKのデータを基に東洋経済作成

レバレッジ	1倍	10倍	25倍
106.4万円で購入できる米ドル	1万ドル	10万ドル	25万ドル
① 1ドル＝107.4円のとき	＋1万円	＋10万円	＋25万円
② 1ドル＝105.4円のとき	－1万円	－10万円	－25万円

ただ、専業のＦＸトレーダーたちは、ここで示したよりもはるかに高い頻度で取引を行っている。

専業トレーダー歴１０年以上の〝味噌カツ（ハンドルネーム）〟氏の場合、「１日で３００回程度取引をしていることもある。１秒以内で取引を完了することも珍しくない」という。

意外なことに、トレーダーたちはニュースをほとんど見ていない。「例えば米国の雇用統計が発表されたとして、予想よりもよかったからと米ドルが上がる場合もあるが、『材料出尽くし』で下がる場合もある。結局、ニュースよりもチャートのほうが重要だ」と味噌カツ氏は言う。

では、どうやって相場を予測しているのか。前出の専業トレーダーは「経験しかない。チャートを見ていると、次の瞬間に『こっちに動くだろうな』というのがわかってくる」のだという。

彼らは一朝一夕でノウハウを身に付けたわけではない。過去に何度も修羅場をくぐっているのだ。前出の専業トレーダーは「就職活動がうまくいかず、仕事が決まらなかったため、ＦＸを始めた。１２年に始めた当初は、元手の３０万円が１５万円まで減ったこともあった」と言う。

味噌カツ氏がこの世界に足を踏み入れたのは「ブラック企業で働いた経験から、他人に雇われるのはもう絶対に嫌だと思うようになったから」。そこで「株式投資やＦＸを始めたところ、最初に２００万円で買った衣料品メーカーの株が１カ月で７００万円まで上がった」という。

ところが、ビギナーズラックは続かなかった。「元手と決めていた５０万円を何度もゼロにした。最後にＦＸに懸けてみようと、なけなしの１０万円をぶち込んだところ、運良く1カ月で3倍に。何とか生き残れ、それ以降はＦＸで生きていこうと決めた」と振り返る。

こうした経験を積み重ねる中でコツをつかみ、今では1日に約1時間、集中して取引することで、高いリターンを得ている。

ただ、彼らのようにいきなり専業で投資するのはリスクが高い。ならば、兼業から始めることもできる。「生活が懸かる専業と比べて、兼業の人は無理にリスクを取る必要はない」と前出の専業トレーダーはアドバイスする。短時間で高いリターンを上げられる可能性があるFX。リスクに鑑みると、兼業で経験を積みながら挑戦するのが現実的かもしれない。

（藤原宏成、梅垣勇人）

ヘッジファンド投資の正体

ヘッジファンドの最大の特徴は、株式市場などの動きとは連動しない絶対リターンを目指すことだ。

なぜ連動しないのか。それは、多くのヘッジファンドにショート（株式のカラ売り）が組み込まれているからだ。

いわゆるアクティブファンドでは基本的に株を安く買って高く売ろうとするため、株価が上昇すると利益が出る。ところが、株価は下落することもある。そこで、ヘッジファンドでは株価が下落した場合に利益が出るショートを組み込んで下落時の影響を緩和しているのだ。

代表的なのは株式ロングショートと呼ばれる投資戦略だ。一般的には、割安株を買いつつ割高株をカラ売りすることで市場全体の価格変動の影響を抑えながら、個別銘柄の成長による利益を得ようとする。

裁定取引（アービトラージ）で稼ぐ商品もある。例えば、企業の買収や統合が発表された際に、ＴＯＢ（株式公開買い付け）価格に株価が収斂する前に株を買い、ＴＯＢに応じることで差益を得る。

一方、最近注目されているのはデジタルやヘルスケアなどテーマを絞って投資するタイプのヘッジファンドだ。

個人投資家向けにヘッジファンド投資を提供しているエアーズシー証券の高橋文行・営業本部長によると「日本には個別銘柄のショートを組み込んだファンドがほとんどなく、アクティブ投信と差別化できている」という。同社が扱うヘッジファンドには、販売を開始した２０２０年４月以降、１１月末までで３０％以上値上がりしているものもある。

ヘッジファンドは大手証券会社での取り扱いがほとんどなく、最低投資金額が1億円以上のため、個人投資家は手が出せなかった。ところが、最近では１０００万円程度から投資できるようになったこともあり、ＩＦＡ（独立系フィナンシャルアドバイザー）経由の成約が増えている。

なお、価格が上がると成功報酬型の費用がかかるが、信託報酬は2〜3％とアクティブファンド並み。ヘッジファンド投資のハードルは意外と低い。

〔まとめ〕ヘッジファンドは意外と安定志向

【ヘッジファンド】

特徴：市場の動きに関係なく、一定の利益を安定的に獲得することを目指す。

メリット：株価などが暴落した場合でも、安定した運用成績が期待できる。

デメリット：成功報酬型の費用がかかる。流通量が少なく、売買が難しい。銘柄の選択肢が限られている

【アクティブファンド】

特徴：日経平均株価やS＆P500などのベンチマークを上回る運用を目指す。

メリット：短期的にはインデックスファンドを上回る運用成績が期待できる。
デメリット：運用コストが２〜３％と高い。長期の運用成績が市場平均を上回ることはほとんどない。

【インデックスファンド】
特徴：株価指数などのベンチマークに連動する運用を目指す。
メリット：購入時手数料がほとんどかからない。運用コストが０・１％程度と低い。売買が容易。
デメリット：市場平均（２〜３％）以上の運用成績は期待できない。

（梅垣勇人）

一獲千金狙いで大人気

フィンテックサービスの真価

「即日完売は当たり前。30秒程度で売り切れになってしまう案件もある」。とある投資家がそう語るのは、「ソーシャルレンディング」と呼ばれる新たな金融サービスだ。

ネット上で投資家を募り、そこで集まった資金を企業に融資。投資家は融資で得られた金利収益を分配金として受け取る。利回りは2～10％程度となっている。社債の運用に近く、安定した利回りが見込めるが、リスクは小さくはない。融資先企業の倒産や返済遅延など、貸し倒れになるリスクに加え、事業者自体が破綻してしまうリスクもある。

■高利回りだが、リスクも多い ―ソーシャルレンディングのスキーム―

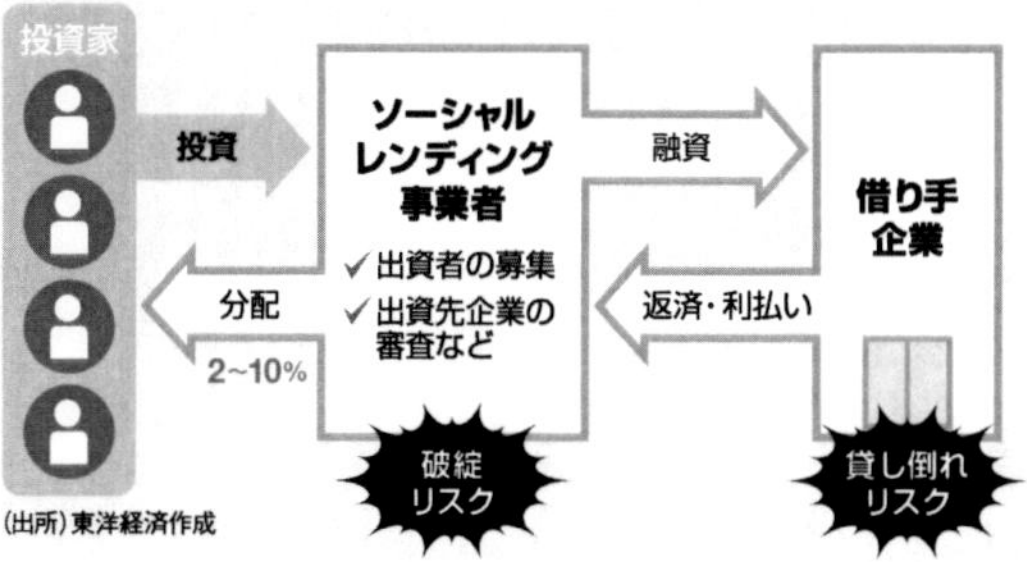

(出所)東洋経済作成

2018年には最大手だった「maneoマーケット」で、企業に貸し付けた資金が異なる目的で使われ、配当や償還も滞る事態が発生。業務改善命令も出された。リスクが高く敬遠する声も聞かれたが、最近では「金融庁の方針もあり、融資先情報の開示が進んできた」(前出の投資家)と、再び注目する投資家も増えている。

ソーシャルレンディングで投資を考える際に重要なのは、どこで投資をするかだ。大規模な案件が多い「SBIソーシャルレンディング」や海外案件中心の「クラウドクレジット」、上場企業向け案件が中心の「Funds」など運営会社ごとに特徴があるのだ。

当然、海外の案件では利回りも高いが、貸し倒れの実例もある。一方で、上場企業向けでは貸し倒れが起きにくい代わりに利回りは2%前後まで下がる。

ただ、利回りが低い案件でも「銀行が1%未満で融資しているような企業に2%で融資できるなら、割はいいのではないか」と考える投資家もいる。

こうした資金調達手段を選ぶ企業は、銀行から融資を受けられない企業や、融資枠を使いきった企業ではないかと思うのが当然だろう。

しかし企業の中には、「自社のファンとなる投資家を獲得するために、この方法で調達するところもある」（Ｆｕｎｄｓの藤田雄一郎代表取締役）という。

そうした掘り出し物を見つけることが安定して収益を獲得するカギだ。

１・５倍のリターンも

より大きなリターンを目指す投資家には、「株式投資型クラウドファンディング」という方法もある。

スキームはソーシャルレンディングと似ているが、こちらは集めたお金を融資する代わりに、未上場株式に投資する。

投資家は、株を取得し、分配金ではなく値上がり益を狙う。対象の企業が上場したり、買収されたりして、投資回収に至れば、一獲千金もありうる。一方で、企業が解散してしまえば、紙くずになるリスクもある。

現在、最大のシェアを持っているのは「FUNDINNO」。２０１７年に始まったサービスで127件の案件を取り扱っている。すでに投資回収に至った例も2件あり、いずれも株価は1・5倍に膨らんだ。ただ、事業が立ち行かずに解散してしまった事例も3件ある。

未上場会社の株式は相対取引が基本。流動性が低く、売却したくても売却できない点には注意が必要だ。

こうした新たな金融サービスに対し、投資家からは「魅力的だが、まだ案件数が少ないのが難点」という声も聞こえる。株式型には1件当たりの投資額に上限も付されている。

富裕層にとって魅力的な投資機会となるためには、今後の規制緩和や案件数の増加が不可欠だ。

（藤原宏成）

大化け期待の未上場株

東京・六本木にひっそりとした会員制のバーがある。このバーにひそかに集まっているのは、自ら事業を立ち上げ、株式の新規公開（ＩＰＯ）にまでこぎ着けた〝ＩＰＯ長者〟たちだ。

彼らが時折集うのは、後輩起業家たちが立ち上げたスタートアップ企業の情報を交換するためだ。ＩＰＯ長者たちはこうしたつながりの中で得た情報を基に、スタートアップなどの未上場企業に投資をしているのだ。

富裕層が未上場企業に資金を投じる背景には、「今後１０年を考えると、上場株式や債券への投資だけでは、今までのような高いリターンを期待できない」（野村証券の和田一登・商品企画部投信企画課長）という事情がある。

未上場企業への投資は究極のハイリスク・ハイリターン投資だ。というのも、ベンチャー企業への出資では「10社投資しても、そのうち1社のビジネスが成功するかどうか」といわれているからだ。

事業が失敗して投資先が倒産すれば、投じた資金がまったく戻ってこないおそれもあり、上場企業や債券への投資とは比較にならないほどリスクが高い。

一方で、得られるリターンもリスク相応に高い。近年では、時価総額7000億円超えを達成したメルカリを筆頭に、IT系企業の大型IPOが相次ぐ。投資した未上場企業が株式市場に上場したり、企業に買収されたりすれば、たちまち投資額の10倍以上のリターンを得られる。

未上場株投資には追い風も吹く。2020年はコロナ禍で出足こそ鈍かったものの、12月には26社が相次いで上場。2007年以降、久しぶりに年間のIPO社数が100社を超えた。日本のIPO市場は再び活性化しつつあるとの観測も流れている。

ただ、こうした未上場株投資をする富裕層には、リターンを求めるだけではなく、自分自身の起業経験を〝追体験〟したいという人も多い。富裕層向けに資産運用のアドバイスを提供する現役プライベートバンカーは「富裕層は起業家と一緒に夢を見たいと思っているようだ。投資というよりも〝消費〟に近い感覚で1億円単位のお金を出している」と明かす。

また、企業経営者には「自身の事業との相乗効果や、業界トレンドの把握のために投資するというニーズもある」（和田氏）という。

未上場株投資では、IPO長者ならではの経験も生きる。彼ら自身が事業の立ち上げを経験しているため、投資対象のスタートアップのビジネスモデルがうまくいきそうなのか、自身の経験と照らし合わせて目利きをする力があるからだ。

PEファンドも選択肢

未上場企業に投資するために、投資先企業の経営者と直接知り合う必要はない。

実は、個人的なつながりがなくとも、プライベートエクイティー（PE）ファンドと呼ばれる金融商品を利用すれば未上場企業に投資できる。

PEファンドの多くは年率10%以上のリターンを目標としている。実際、日本プライベート・エクイティ協会の資料によれば、国内の25社が運営するファンドで、09年から18年までの10年間に年率12・58%の利回り(内部収益率)が得られた。

ただ、PEファンドの多くが主に機関投資家を募集の対象としているため、最低投資金額は1億円以上の場合がほとんどだ。一度投資すると基本的に10年間は売却することができないという制約もある。「ハイリスクの資産は保有資産全体の5%程度が望ましい」という原則から考えても、資産が20億円以上ある超富裕層でないと投資できないといえそうだ。

また、PEファンドのほとんどは「私募」という募集形式に当たるため、証券会社は基本的に6カ月間に49人までしか勧誘することができないという制限もある。

未上場株の中でも起業してから日が浅い企業を中心に投資するベンチャーキャピタル(VC)に出資する手もある。同じく最低投資金額はおおむね1億円からだが、VC投資では創業間もない未上場企業に出資し、投資先企業が上場したり、ほかの企業に買収されたりするタイミングで株式を売却してリターンを得るのが特徴だ。

では、PEファンドやVCにはどういった商品があるのか。例えば、野村証券が2年前に新設した投資ニーズがある超富裕層向けプログラムでは、一定の条件を満たせば、個人投資家でも日本の未上場企業に投資するVCに出資することができる。投資先のVCの運営体制については、野村証券が実際に事務所を訪問するなどして厳格なデューデリジェンス（審査）を行い、お墨付きを与えている。

SMBC日興証券は富裕層向けに、イスラエルのテクノロジー系ベンチャー企業やデータセンターに投資するPEファンドを販売している。「（世界的な大富豪である）ロスチャイルド家が目利きをしている」と坂本宣・SMBC日興証券常務も胸を張る商品で、期待リターンは年率10～15％に上る。

また、PE投資には太陽光パネルなどの再生可能エネルギー設備に投資するインフラファンドと呼ばれるものもある。太陽光発電や風力発電で生み出した電力を固定価格で売却することによって、安定的な収益を見込む。未上場企業への投資ほどにはリターンが高くないものの、投資先によっては節税効果が見込めるため、富裕層からは根強い人気がある。

個人の小口投資も可能に

高いリターンを期待できる未上場株式に、一般の個人投資家は投資できるのか。現状では、自主規制団体である日本証券業協会が定めるルールにより、証券会社が個人投資家に対して未上場株の勧誘をすることは禁止されている。

しかし足元では、一部の個人投資家について、機関投資家と同様の勧誘を受けられるようにする規制緩和が検討されている。未上場株の勧誘を受けるために必要な資格について、これまでの純資産の額といった画一的な基準を見直し、取引履歴などを基にしたより柔軟な認定を目指しているのだ。

また、「株式投資型クラウドファンディング制度」が15年に創設されたことで、発行総額1億円、1人当たり投資額50万円までの非上場株式やファンド持ち分については、一定の審査があるものの、個人投資家でも投資が可能になった。将来的には未上場株をインターネット上で売買することができる市場づくりも構想されており、個人投資家が参入しやすくなりそうだ。

さらに2０年1２月には、野村ホールディングスが未上場株を投資対象にする投資法人の上場を目指すと発表した。もし実現すれば、上場企業の株を売買するのと同じ感覚で、個人投資家が未上場企業に投資することができるようになる。

政府もスタートアップの育成につながるとして、未上場企業への投資を後押しする。成長企業投資が身近になる日も近い。

（梅垣勇人）

富裕層の知られざる実像

膨大な資産をどう運用しているのか、普段はどのような生活を送っているのか。日頃、富裕層の資産運用や税務についての相談を受けている3人に、「富裕層の知られざる実態」を聞いた。

【投資家】米系金融機関の勤務経験あり、フィンテックやAI（人工知能）に精通。
【仮想通貨アナリスト】大手金融機関に在籍し、ブロックチェーン技術全般に詳しい。
（以下、アナリスト）
【税理士】国内外在住の個人富裕層に対して税務コンサルティングサービスを提供。

――富裕層の資産運用はコロナ禍でどう変わりましたか？

【投資家】　新型コロナウイルスの脅威がはっきりし始めたとき、「資産価格はいずれ上がる」と理解して投資を増やした人が多かった。各国中央銀行の資金の流れを見ていて、20年3月ぐらいの価格が下がったときにしっかり買っていた。日本株より欧米株に投資した人が多い。

【税理士】　数億円から数百億円の資産を持つ富裕層の税務相談を受けているが、10億円超の資産がある人たちは守りが中心。コロナ禍になってもあまり変化はなかった。「外部の運用アドバイザーから『絶好の買い場だから買ったほうがいい』と助言された」という人は多かったが、そこで動いた人はあまりいなかった。

【アナリスト】　仮想通貨で運用している人たちは、コロナ禍になって、かなり盛り上がった。金融緩和で一段と行き場のなくなったお金の運用先として、機関投資家も仮想通貨関連に資金を投じるようになった。直接買うことはなくても投資信託のようなビークルを通じて仮想通貨を買ってくる。米JPモルガン・チェースなど大手金融機関のアナリストがリポートを出すようになったことも一因だ。仮想通貨に流れ込む資金が増し、ビットコインなど史上最高値を更新するものが増え活況だった。

――仮想通貨以外で富裕層が最近、手を出し始めた金融商品は何かありますか？

【投資家】　株式上場前のベンチャー企業に投資しようという富裕層は多い。しかも投資するタイミングが早まっている。かつて富裕層がベンチャー投資をするときは、企業の経営が軌道に乗り始めてからの「シリーズB」や、IPO（新規株式公開）直前の「シリーズC」の段階が多かった。しかし最近は、その前の段階で、事業の先行きにまだ不安がある「シリーズA」でも入ってきている。

そうした段階で資金を入れるのは、そのベンチャーの経営者と知り合いになっていないと難しい。会社側も反社会的勢力など、自分の事業の妨げになる人に入られると困るからだ。だから投資しようという人のバックグラウンドはかなりチェックされる。お金持ちというだけではダメ。人として信頼できるか。ベンチャー経営者の知人からのお墨付きがないと投資はさせてもらえない。

情報入手が成否を左右

――そうした情報の交換はどのようにしているのですか?

【投資家】　基本的にフェース・トゥ・フェース。会って直接話す。例えば、自分は不動産テックに詳しいが金融テックは苦手など、得意不得意を伝え合う。そして案件を紹介し合い、お互いの儲けを増やしていく。紹介しても見返りを出さないような人は、そのサークルに居続けることはできない。持ちつ持たれつで成り立っている。

投資先は最先端でも、手法は昔と変わらない。ベンチャー投資は情報の非対称性が強い。経営者がいくら有名でも、実は売り上げがほとんど立っていないといったことがベンチャー企業にはありがち。そうした財務など本当の情報を得られるサークルに入っているかが投資の成否を左右する。

──ベンチャー投資の金額は？

【投資家】　シリーズAなど初期から投資する場合は数千万円ぐらい。シリーズAより前の「シード」の段階だと数百万円ぐらいのこともある。ベンチャー企業が順調に育てば、その後、1億円、3億円と投資額を増やしていく。

【税理士】　ベンチャー投資の話は、富裕層でないと知ることすらできない。全額損になりかねない数百万円、数千万円をぽんと出せるのは、数億円の金融資産がある人だけだ。

【投資家】　ベンチャーへの投資話は見極めが難しい。ほかの投資家に断られまくった見込みのない案件である可能性もある。本来クローズドな投資話が自分のところに来たときは、よく考えないといけない。だまされる人も少なくない。

【アナリスト】　仮想通貨の世界でもだまされた人の話をよく聞く。価格が高騰して突然「億り人」（1億円以上の資産を持つ人）になった人の中には、金融リテラシーのない人もいる。急にお金持ちになって、どう使えばいいかわからず、怪しい投資話を信用してしまうようだ。

【投資家】富裕層も、自分の好きなところ、関心のあるところだけで運用している人は強い。一生懸命調べるし、調べ方もわかっている。

【税理士】好きな投資というと、アート作品やクラシックカーに投資する富裕層は多い。「僕はこのクラシックカーを実質タダで持っている」と言う人がいた。「買った値段から下がったことはない。乗り飽きて売ったら利益が出る」からだ。よほど見る目があるのだろう。

【アナリスト】仮想通貨の世界では、かつてICO(イニシャル・コイン・オファリング。仮想通貨の新規上場)がはやった。仮想通貨を使った資金調達で、大儲けした人がいる一方、詐欺に引っかかり大損した人もいた。最近はICOと同様、ブロックチェーン技術を活用したSTO(セキュリティー・トークン・オファリング。証券化商品の新規上場）が仮想通貨の世界で注目されている。証券化の対象としてアート作品やクラシックカーなどを含むこともある。ＳＴＯが今後普及すれば、アート作品など富裕層が持つ特殊な資産の価格を底支えするかもしれない。

ニセ富裕層の見分け方

――最近の富裕層の生態は昔と違うのでしょうか。

【税理士】　昔の富裕層は５０～６０代の中小企業の社長が中心。若い頃、頑張って銀座でお酒を飲めるようになると、いい服を着込んで喜んで通った。飲むのも半分営業で、人脈を広げる場として使っていた。しかし、今の富裕層は３０～４０代の上場ベンチャー企業の経営者が多い。彼らは銀座に行くことにメリットを感じていない。

【投資家】　「お金があることを他人に見せるのはカッコ悪い」という意識がある。孫正義さん（ソフトバンクグループ会長）や柳井正さん（ファーストリテイリング会長）

といった超大金持ちがいるので、数十億円あるからといって見せびらかすような人は、大したことがないとわかっている。

【税理士】　見せびらかして、お金がありそうと近寄ってくる人に、いい人はいない。だからあえて安いTシャツなどを着ている富裕層が多い。お金持ちであることを出さなくても心地よく話ができる人に、付き合いを限定している感じだ。

【アナリスト】　私の知り合いのベンチャー経営者にこんな人がいる。起業して会社を売却し、莫大なお金が入ったが、そのお金のことを家族の間で、なかったことにした。そしてそれまでどおりの生活を続けた。入ってきたお金は、次のベンチャー企業を育てるための投資に使っているという。

【税理士】　確かに数十億円以上の資産を持っている本当の富裕層は、人を育てたいとか、教育に投資をしたいとか、奨学金を出したいとか、寄付をしたいとか、きれいな話をよくしている。運用で増やすよりも、死んだ後に有効活用されるかに関心がある。

【投資家】　マウンティングをして自分の優位性を他人に誇示するような富裕層は少ない。マウンティングをすると、弱い犬ほどよくほえると受け取られ、信用されない。

【税理士】　本物の富裕層の見た目は質素だ。たまにすごくいい物を着ていたりするが、決してひけらかしたりしない。

【投資家】　インスタグラムやツイッターなどSNSで、ぜいたくなすしを食べたとか、クルーズ船に乗ったなどと投稿している人には注意が必要だ。自分のオンラインサロンに誘導して金儲けに利用しようという思惑があったりする。本物の富裕層か否かを見抜く目が重要だ。

（構成・福田　淳）

得手・不得手を知り使い分けよう

アドバイザーの上手な選び方

富裕層が保有する資産は莫大で、本人が管理・運用するのは容易なことではない。そこで多くの富裕層はプライベートバンク（ＰＢ）を利用している。

ＰＢとは、一定額以上の資産を持つ顧客に対して、証券、銀行、保険はもちろん、相続や事業承継なども含む包括的なサービス提供を行う業者のことだ。

だが、ＰＢに勤務したことがある現役アドバイザーでも「優れたアドバイザーかどうか見極めるのは難しい」と語る。では、どのように選ぶのが正解なのか、見ていくことにしよう。

まず、欧州系や日系など、カテゴリーごとの得意分野を知ろう。

ＰＢといえば、発祥の地などだけにクレディ・スイスなどの欧州系をはじめとする外資系が真っ先に頭に浮かぶ。彼らの特徴は取り扱う商品やサービスが豊富なことだ。

海外の資産運用会社との太いパイプを持っているため、日本の証券会社では紹介できないような金融商品を提案できる。とくに、ネットワークの広さが物をいう外国企業の社債や、ヘッジファンドなどを取り扱っていることが強みだ。

レストランの予約から、入手困難な超高級腕時計の購入サポートまで、金融商品の提案以外でも尽くしてくれる。ほかにも、保有している金の延べ棒を実際に手に取れるようにして見せてくれるなど、「特別感」の演出にも長けている。

一方、証券会社や銀行グループ傘下の日系ＰＢの強みは、国内における強力なネットワークだ。事業承継やＭ＆Ａなどの場面では、国内地盤の強みが光る。メガバンク系であれば、銀行の情報網で売却先や提携先を探してもらいやすい。相続や不動産運用などで、信託や銀行などの機能を包括的に利用できるという利点もある。

日系ＰＢは国内からの撤退が相次ぐ外資系を尻目に、金融商品の品ぞろえや、富裕層向けのサービス提供でも追い上げつつある。

近年、日本国内でも普及しているＩＦＡ（独立系ファイナンシャルアドバイザー）という選択肢もある。２００４年から認められ、大手証券会社の営業や外資系ＰＢの経験者が独立、中立の立場でアドバイスしている。

金融機関所属の営業社員と違い、彼らにはノルマが課されていないことがほとんどだ。そのため、手数料稼ぎのために顧客のニーズに合わない商品を勧めることは少ないといわれている。

ただ、悪質な回転売買に手を染めるＩＦＡも一部で存在するといわれている。まだまだ玉石混淆のＩＦＡだが、目利きに自信があれば選んでもいいかもしれない。

「つまみ食い」が最善手

最もオススメなのが複数のサービスを「つまみ食い」することだ。複数の業者を比較しながら、自分が受けたいと思うサービスを取捨選択すればいい。

実際、自ら起業したベンチャー企業の上場で資産家になったＩＴ企業オーナーなど、若い世代の富裕層を中心に、日系だけでも複数のＰＢを活用する人が増えている。

中には「１００億円の資産を１０億円ずつ別々のＰＢに預け、目標の利回りを達成できているか３カ月ごとに運用担当者に確認。２回連続で目標に届かなかった場合には解約を検討するという、厳格なルールを定めている超富裕層もいる」（アドバイザー）という。

このように複数のアドバイザーと付き合いながら、相性や担当者の力量を見極め、最良のＰＢを見つけるのも手だといえる。

（梅垣勇人）

猛攻勢かける証券会社

東京・日本橋の一等地、高島屋三井ビルディングの最上階にある広さ約1900平方メートルのサロン。企業オーナーや古くからの地主といった富裕層たちが、眼下に都内の夜景を望みながら、高級料理に舌鼓を打っている。

このサロンは、準大手証券会社の東海東京フィナンシャル・ホールディングスが富裕層向けブランド「オルクドール」の顧客のために用意したもの。「会員制で会食もできるサロンが一番の売り。資産運用についてのご相談やお客様同士の交流にもご利用いただいている」。オルクドールで東京地区副担当を務める中谷内美香氏は自慢げに語る。

オルクドールは2018年の東京進出以降、「『会社四季報』を見ながら1社ずつ、代表番号に電話をかけて新規開拓を行う」（中谷内氏）など、地道な営業活動を続けてきた。

そのかいあって、東京拠点の預かり資産は開業から2年間で約1・7倍に増えた。サロン内のレストランも予約が難しくなるほど盛況だ。ただ、富裕層向けサービスの強化に勤（いそ）しむのは東海東京だけではない。

業界最大手の野村ホールディングスは「パブリックからプライベートへ」を旗印に、富裕層向けサービスの拡充に取り組む。20年12月の投資家向け説明会では、企業オーナー向けサービス強化に向け、担当者を増員すると説明した。

野村は上場・非上場にかかわらず、企業オーナーとの関係を強化、顧客ニーズに合わせてカスタマイズしたポートフォリオの構築を提案する。

オーナーが経営する法人に対しては、資金調達やM&Aなどに関与することで収益を得ようというのが狙いだ。

メガバンク系証券も取り組みを加速している。グループ内の銀行・証券・信託が一体となって富裕層向けサービスを展開しようとしているのだ。

三井住友フィナンシャルグループはＳＭＢＣプライベート・ウェルスという新ブランドを２０年４月に立ち上げた。グループのＳＭＢＣ日興証券を主体として、三井住友銀行や信託銀行が１つにまとまり、企業オーナーを中心に取引を拡大する作戦だ。三菱ＵＦＪフィナンシャル・グループやみずほフィナンシャルグループでも傘下企業の連携を強化し、富裕層対応を強化している。中堅以下の証券各社でも、富裕層対応強化をうたう企業が増えている。

富裕層に群がる理由

各社が富裕層の取り込みに躍起になる背景には、証券業界の環境変化がある。単純な株式売買仲介はＳＢＩ証券や楽天証券などのネット証券に奪われてしまった。そのため、税金対策や事業承継といったオーダーメイドで対応しなければならないビジネスへと向かわざるをえなくなっている。ただ、こうした分野は株式売買仲介と比べて手数料が厚く、証券会社にとっては最後の成長分野でもある。

スタートアップ企業の経営者など、〝富裕層予備軍〟の囲い込みにも余念がない。中でも株式の新規公開（ＩＰＯ）にチャンスがあるとみている。ＩＰＯには証券会社の協力が法律上不可欠で、まず主幹事証券になることで手数料収入を得られる。

さらに、ＩＰＯをすれば、株式を保有している創業メンバーに新たな余裕資金が生まれる。この資金の運用を担うことができれば、証券会社にとって継続的な収益を得る機会につながるというわけだ。

平時の資産運用でほどほどに稼ぎつつ、事業承継やＩＰＯなどのタイミングで大きな利益を得たいというのが証券会社の本音だ。そのためには金融商品以外のサービスでも富裕層に「尽くして尽くして尽くしまくる」（ある大手証券会社幹部）。証券会社が富裕層に群がる構図は当面変わりそうにない。

（梅垣勇人）

できるだけ多く残したい！

富裕層必見の意外な節税術

日本に帰ることを決めたのだが、何かいい方法はないだろうか――。シンガポール在住の40代の男性は、最近、あることで頭を悩ませていた。

この男性は、創業メンバーとして参画した会社が上場。その後、創業者とともに持ち株を売却したことで資産は約50億円まで膨らんだ。そのため、「米国債などで運用するだけで、生活には困らない」としてセミリタイアを決意、シンガポールに移住した。

というのも日本は、相続税の税率が10~55%と世界的に見ても高いからだ。相続財産が大きければ大きいほど税率が高くなり、男性の場合、税率は55%が適用され、税金として半分以上持っていかれてしまうのだ。

そのため、相続税や贈与税がなく、所得税や法人税の最高税率も低いシンガポールに一家で移住した。

ところがだ。親が認知症を発症し介護が必要になってしまう。また、シンガポールでの生活にも飽きてきて日本が恋しくなり、帰国しようか迷っていた。

そんな折に決定打となったのが2017年の税制改正だった。海外居住要件が変更になり、相続人と被相続人の双方が最低でも10年を超えて海外に住んでいなければ、海外資産に対しても日本国内で相続税が課税されるようになってしまったのだ。

それまでの要件は5年超で、男性も我慢しようと頑張ったのだが、延長されたことで、「もうこれ以上は無理」と諦め、帰国を決断したのだという。

だが、問題が発生する。相続税を逃れるためにフライト（逃避）させた資産をいかにして日本に持ち帰るか、考えていなかったのだ。税務当局に見つかってしまえば課税は逃れられない。そこで男性は困り果てていたというわけだ。

こうした悩みを抱える富裕層は少なくない。というのも、富裕層は昨今、世界の税務当局から狙い撃ちされているからだ。

次表は、ここ数年の主な徴税強化策をまとめたものだ。富裕層の資産内容を詳細に把握し、資産フライトによる税金逃れを国際的に取り締まろうという動きが加速していることがわかる。

■国税から狙われる富裕層
—主な国際税務の動向—

2014年	**「国外財産調書制度」創設** 海外に時価5000万円超の財産を保有する個人に対し、調書提出を義務づけ
2015	**「国外転出時課税制度（出国税）」スタート** 海外に転出する富裕層を対象に、資産の含み益に対して所得税を課税。また、海外に住む人に対する相続や贈与の場合も同様
2016	**「財産債務調書制度」創設** その年の所得が2000万円超かつ、その年の年末の財産が3億円以上または有価証券などの金額が1億円以上の場合、財産や債務の中身や金額の調書提出を義務づけ
2017	**相続税法上の「海外居住要件」を5年超から10年超に延長** 相続人、被相続人双方の海外居住期間が5年超である場合、相続税と贈与税は国内にある財産のみへの課税とされていたが、その期間を10年超に延長
2018	**CRS（共通報告基準）による「金融口座情報の自動的交換」開始** 各国の税務当局が、非居住者の金融口座情報を自動的に交換する制度。日本も2018年から年1回の交換をスタート

コインに換えて持ち込み

そこで男性は、以前から付き合いがあった、富裕層のあらゆるニーズに応えるファミリーオフィスの運営者に相談。すると「アンティークコインという手がありますよ」とささやかれたという。

アンティークコインといっても日本人にはなじみが薄いかもしれないが、実は大昔から世界のオークションなどで取引されている資産運用商品の1つ。古いコインで希少価値があれば数千万円などの価格がつくものも少なくなく、中には数億円になるものもあるという。

しかもコインは小さく持ち運びが簡単。財布の中に入れてしまえば、金などと違って持ち込んでもばれる心配はほとんどない。さらに、インターネットでの売買が中心で、持ち込んだ後の換金性も高い。そのため、資産をコインに換えて日本に持ち込めば大丈夫だというわけだ。

ただ、注意すべき点もある。それは、精巧な偽物があふれていることだ。素人がそれを見破るのは無理な話。そのため、鑑定も行っている専門家に相談することが必須となる。

ファミリーオフィスの運営者は男性に対し、「まともな業者を選ぶことが最も重要だ」とアドバイスしたという。

税金に関する悩みを抱えているのは、資産フライトを行った富裕層だけではない。富裕層全般に共通する悩みだ。

しかし前述したように、税務当局は徴税強化に乗り出し、節税策についても徹底的に潰しにかかっているため、「有効な節税策はもう残っていない」と税理士たちは口をそろえる。

だが、まったく残っていないわけではない。節税の基本は、課税対象となる資産を減らすこと。つまり減価償却できる大きな資産を購入したり、投資したりすればよく、そうした資産を見つければいいわけだ。

■減価償却を使い利益を圧縮して節税 ―現在でも行える主な節税策―

	米国不動産	福島県の太陽光設備	コインランドリー	仮想通貨のマイニングマシン
概要	米国不動産を保有する投資。「建物部分」を4年で減価償却し、日本での利益と損益通算して節税	太陽光設備に対する投資。「ふくしま産業復興投資促進特区の税制優遇措置」を利用し、即時一括償却して節税	コインランドリー経営に対する投資。「中小企業等経営強化法」を活用し即時償却して節税	仮想通貨のマイニングマシンへの投資。「中小企業等経営強化法」により即時償却して節税
個人	2020年12月末までしか償却できない	即時償却	即時償却	即時償却
法人	2021年以降も可能	即時償却	即時償却	即時償却
リスク	今後の税制改正で、法人による償却も封印される可能性あり	固定価格買い取りは20年間で終了する	集客ができないなど事業リスクあり	詐欺が多いリスクあり

先の表は、現在でも使える主な節税策をまとめたものだ。

代表格が米国不動産。築22年以上の木造の建物は4年で償却できるが、日本の建物の価値は土地も含めた資産価値の2割程度にすぎない。しかし米国の建物の価値は7~8割を占めるため償却費が大きくなり、損益通算によって節税できるというものだった。

「だった」と過去形なのは、税制改正によって、個人については2020年12月末までしか償却できなくなったからだ。ところが、法人についてはいまだに償却が可能。富裕層の多くは資産管理会社を設立しているため、有効な節税策といえる。

即時償却できる投資

それだけではない。太陽光発電設備への投資も、福島県限定ながら節税効果が得られる。

以前は、グリーン投資減税の対象として100%即時償却でき、設置にかかった費用全額を控除することができたが、15年に制度が終了。しかし、福島県だけは「産業復興投資促進特区」という制度があり、税制優遇措置が取られていて即時償却が可能なのだ。

そのほか、コインランドリー投資や、仮想通貨のマイニングマシン投資などは、「中小企業等経営強化法」の対象となっており、即時償却ができる。

ただ、こうした節税策にもリスクがあるから注意が必要だ。

例えば米国不動産は今後、法人も認められなくなる可能性があるし、太陽光発電設備も固定価格での電力買い取りは20年間で終わる。

またコインランドリー投資はあくまで事業なので集客できないというリスクが伴うし、仮想通貨のマイニングマシンも詐欺の被害が多いので気をつけてほしい。

しかし、ある富裕層は言う。「稼いだ金を税金として持っていかれるのは確かに不満だが、税務当局の目を気にしながら節税策にあくせくするよりも、しっかりと払ったほうが心は穏やかだ」。

こう考えている富裕層が少なからずいるのも事実だ。

（田島靖久）

あの敏腕経営者もコロッとだまされた

富裕層が陥った甘い儲け話

「私としたことが……。お恥ずかしい限りです。でも当時は、あの男の言葉を信じ込んでしまっていたんです」

後悔の念を語るのは大阪・心斎橋にある老舗食品会社の社長。

「資産が何倍にも殖える」という甘い言葉に踊らされ、この3年間で5000万円以上をだまし取られた。

歴史ある会社を切り盛りしてきたはずの社長が、なぜ安直な投資話に乗ってしまったのか。

きっかけは4年前。「事業資金と合わせて子や孫に遺す資産を殖やしたい」と考えていた社長は、有望な投資先を探していた。

そんなとき、インターネット上で知ったのが、仮想通貨の世界で「キング・オブ・コイン」ともてはやされていた男だった。彼が開くセミナーはいつも大盛況、全国に教え子もいるという、ある種のカリスマだ。

当時は仮想通貨ブームが巻き起こり、ビットコインやイーサリアムの後を追う形で、次々に新しい仮想通貨が生み出されていた。カリスマは、熱い語り口で「たった60日で資産が1・5倍に」「超一流の上流案件だ」などと訴え、新しい仮想通貨への投資を勧めた。

「この人の言うとおりにやれば確実に資産を殖やせそうだ」。すっかりカリスマに魅了されてしまった社長は、そう思い込むようになる。

さらに案件によっては、知り合いを紹介して、その人に出資者になってもらえれば紹介料が発生するという。「こんなおいしい話はない」と、カリスマが推奨する仮想通貨に投資することを決めた。

富裕層たちを洗脳

投資し始めた当初はカリスマの言葉どおり、どんどん値上がりして利益が出た。「これはいける」と確信した社長は、さらに金を突っ込んでいった。

ところが投資し始めてから2カ月ほどが経った頃から、仮想通貨の値は大きく下がり始める。そして、なぜか出金もできなくなった。

事務局に問い合わせると「サポートセンターに聞いてください」という返事。だが、サポートセンターからの折り返しはなく、そうこうしているうちにサイト上の運用画面すら開けなくなった。

「この時点で怪しいと気づくべきだったのかもしれませんが、彼のイベントでは竹中平蔵さんが講演したり、世界的なタレントまで登場したりするものだから、間違いはないはずだと自分に言い聞かせたのです」（社長）

事実、2018年に開かれたイベントでは竹中氏が基調講演をし、人気歌手マライア・キャリーがスペシャルゲストとして生ライブを行っている。

それだけではない。SNSやブログなどでカリスマが発する言葉には、人の心をつかんで放さない魅力があった。

「なりふり構わず僕と同じ行動を取りなさい」「先延ばしにする癖は直さないと成功者にはなれないよ」「モヤモヤして見逃すくらいなら飛び込むべきだ」「一生に一度、いや、もう二度と訪れないチャンスだよ」――。

こうした言葉は、迷える社長の決断を遅らせた。「彼だって失敗を繰り返しながら現在の富を築いたんだ。自分の失敗なんて大したことはない」。そう自分に言い聞かせ、よぎる不安を打ち消した。

しかし現実には、カリスマが推奨する仮想通貨は一向に利益が出ず、損失だけが膨らんでいった。そしてあるプロジェクトに参加したとき、「この人の言うことはやはりおかしい」と考え始める。

そのプロジェクトとは、「カンボジアにいる友人『ミスターX』が、現地で仮想通貨の事業を始める。確実に資産を殖やせるから投資しないか。詳しいことは現地でしか話せないからカンボジアに行こう」というものだった。

「旅費とは別に手数料が50万円かかるという話だったのですが、資産を殖やしたい一心でそれを払い、カンボジアまで行くことにしました。日本からの参加者は医師や弁護士、IT企業の社長など富裕層が多かったです」（同）

しかし現地に「ミスターX」は現れなかった。にもかかわらず「この案件には日本政府も補助金を出すことが決まっている」などと訴え始めたのだ。不信感が募り、社長は投資をやめた。

「結果が出ずとも、ひたすらあおり続けることが彼の戦略なのだと気づきました。まさに洗脳です。私以外にも多くの富裕層が洗脳されてきたのだと思います」(同)

一部では、カリスマに対して損害賠償を求める訴訟が提起され、集団訴訟に発展しようとしている。

本誌は、海外在住のカリスマにメールで問い合わせたが、期限までに返信はなかった。

だまされたHISの会長

次のグラフを見ていただきたい。これは日本証券業協会が、投資詐欺被害の推移をまとめたもの。詐欺に遭ったと通報してきた人のうち、証券会社と「取引がある人」と「ない人」の件数を分けて掲載している。

■ **金融の知見がある人ほどだまされにくい**

―日本証券業協会への通報件数と「証券取引する人」の割合―

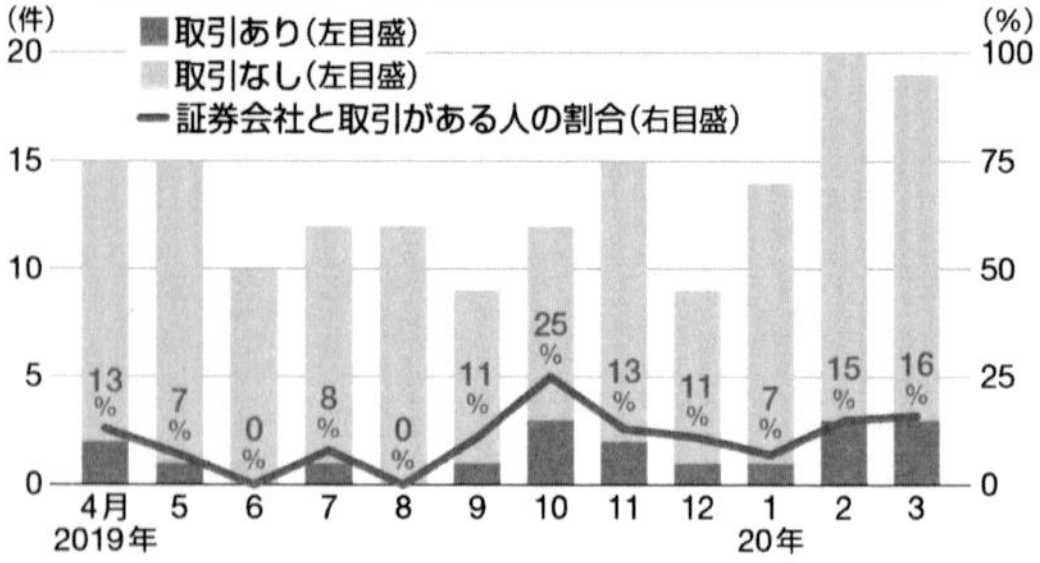

(出所)日本証券業協会

これを見れば明らかなとおり、取引がある人の割合は0～25％程度と明らかに低い。金融に関する知識が豊富で、詐欺に気づくからだ。富裕層は当然ながら証券会社と取引があるから、データ上は詐欺被害に遭いにくいといえる。

それでも前述の社長のように、おいしい儲け話に冷静な判断ができなくなり、手痛い目に遭う人はいる。中には50億円という桁違いの被害に遭った敏腕経営者もいる。旅行代理店エイチ・アイ・エス（ＨＩＳ）社長兼会長の澤田秀雄氏だ。澤田氏は当時、金（きん）の取引をなりわいにしていたＩ氏に、自らの資産管理・運用を任せていた。彼のビジネスセンスを見込んでのことだ。

そんなＩ氏の元に、金融業を営むＨ氏から「リクルート株」に関する投資話が持ち込まれたのは18年2月のこと。「リクルート株を保有する高齢の株主が、株を売却して現金化したいと言っている。規模は50億円。市場価格より安値で売却する意向を示しているのだが、買わないか」という話だ。

「当時の株価からざっと計算しても数億円の利益が出るおいしい投資話だった」（金融関係者）だけに、Ｉ氏は澤田氏に相談。5月上旬、澤田氏はその話に乗ることを決めた。

ところが澤田氏は個人名義ではなく、代表を務めていたハウステンボスの口座からH氏の口座に振り込んでしまう。そのため不審を抱いた銀行がH氏の口座を凍結。H氏は仕方なく50億円を返金し、取引はいったん停止した。

だが、I氏は諦めなかった。H氏から持ちかけられた話を、今度は知り合いだった女性実業家Y氏に自ら持ちかけ、澤田氏の50億円を預けたのだ。

しかし、話どおりにリクルート株を取得することはできなかった。そのためI氏は諦めて、Y氏に返金を求める。ところがY氏はこれを拒み、その代わりに日本大学関係者が経営するN社が関わる事業への投資話を持ちかけてきた。

リクルート株をめぐる投資話が、ここから別の投資話にすり替わる。裁判資料や関係者の証言を突き合わせるとこんな具合だ。

Y氏はI氏に対し、事業投資への見返りとして、元金50億円に5億円を加えた合計55億円の支払いを提案し、I氏はこれを了承。この段階でY氏はN社の口座へ事業資金41億円を振り込んでいる。

6月に入ると、支払いの一部としてY氏側からI氏の口座に11億円が振り込まれた。ここまではよかった。だが、「残りは為替手形で」と言い出してから、事態はおかしな方向へと進んでいってしまうのだ。

偽造手形をつかまされる

I氏に渡ったのは、N社を振出人とする40億円の為替手形。西武信用金庫が発行したとされるものだが、信金の住所が「東京都中野区3－29－10」と、中野区から先の「町名」が書かれていない。つまりこれは、偽造手形だったのだ。

■50億円はこうして消えた
—澤田秀雄HIS会長が巻き込まれた詐欺事件の経緯—

時期	概要
2018年2月1日	澤田氏の資産運用を担う金取引商I氏の元に金融業H氏から「リクルート株50億円分を市価より安値で売り渡せる」という話が舞い込む
5月上旬	澤田氏が代表を務めるハウステンボスから、H氏の口座に50億円が振り込まれる。しかし不審を抱いた銀行が口座を凍結。H氏は返金
5月下旬	I氏が女性実業家Y氏に50億円の預金小切手を交付。リクルート株の取得を試みるも株は出てこず。I氏は返金を請求。Y氏はI氏に元金返済と転売利益の支払いを約束し新たな投資話を提案。I氏は了承し、Y氏はコンサル業N社の口座に41億円を振り込む
6月	Y氏側からI氏の口座に11億円が振り込まれる
7月	N社は額面40億円の為替手形(右写真参照)を交付。即、偽造であることが発覚 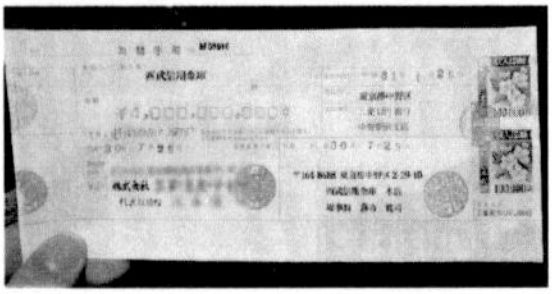 住所の「町名」が抜けた偽造手形
11月	I氏が58億3000万円の支払いを求めH氏やY氏(後に訴外)ら8人を相手取り民事提訴。警視庁捜査二課にも告訴状を提出

(出所)取材や報道を基に東洋経済作成

結局、I氏の元に戻ってきたのは11億円のみ。そのためI氏は、H氏やY氏（後に訴外）ら8人を相手取り、返済を求める裁判を起こして現在も係争中だ。

リクルート株の安値取得の話に始まり、日大関係会社への投資案件に姿を変え、最終的には大半が消えてしまった澤田氏の50億円。一部には澤田氏が、保有していたHIS株の売却益でハウステンボスの損失を補填したとの話も伝わっているが、そもそも市場の外で多額の儲けを得ようと、怪しい話に乗ってしまったところに根本的な原因がある。

本誌はHISに対し、澤田氏に対する取材を申し込んだが「弊社取締役に関わる個別の取引に関するご質問、お申し入れに対する回答は、差し控えさせていただいております」とのことだった。

別の富裕層の元には、今でも「リクルート株560万株の個人所有者がいます。1株3800円でどうでしょう」といった真偽不明の情報が持ち込まれているという。隙あらばと、富裕層を狙った怪しげな投資話はいつの時代も絶えないといえる。

（野中大樹）

「M資金詐欺」の底知れぬ魔力

「表沙汰にはなっていないが、だまされた上場企業の社長はまだ何人かいるらしい」

企業の不祥事情報に詳しい〝事件屋〟たちの間では、こうした情報が飛び交っている。「だまされた」というのは、「M資金詐欺」のことだ。

M資金とは連合国軍総司令部（GHQ）が占領下の日本で接収した隠れ資産のうち、秘密裡に運用されている資金のこと。「M」は、GHQのウィリアム・マーカット少将が由来とされる。もちろんそんな資金があるはずはなく、あくまで都市伝説だ。

だが、そんな話を悪用した詐欺に富裕層が幾度となくだまされてきた。最近では2017年にローソンの玉塚元一会長（当時）が被害に遭うなど、名だたる企業のトップたちがなぜかコロッとだまされているのだ。

その手口は実に巧妙だった。

自尊心をくすぐる

くるという。

「財務省の者です」

だまされた人たちの話を総合すると、詐欺師たちは政府関係者を名乗って近づいてくるという。

1対1の対面で、「秘密資金だから他言無用」と念押し。そして「国家に尽くしてきた社長にだけ特別に秘密の資金3000億円を融資したい」とささやくのだ。

大企業のトップほど「自分は特別な存在なんだ」という心境に陥りやすい。詐欺師たちはそうした心理を知り尽くしており、言葉巧みに自尊心をくすぐる。

経営者がすっかり信じ込んだ段階で、詐欺師たちは「まずは1%の手数料を振り込んでほしい」と切り出し、確約書への住所や名前の記入、捺印までさせてしまう。

ところがだ。手数料1%の30億円を振り込んだ途端、詐欺師たちはこつぜんと姿を消し、連絡も取れなくなる。もちろん残りの2970億円が振り込まれるわけはなく、そこで初めて詐欺に遭ったことに気づく。

M資金詐欺が残酷なのは、ここで終わらないこと。詐欺師たちは確約書を使って「これをマスコミにばらまかれたくなかったら金を払え」と脅しにかかるのだ。

警察に通報すればいいのではと思うが、「世間から笑われるのを避けたい」との心理が働く。その結果、脅しに屈して金を払い、被害届も出さないという経営者が少なくないという。

しかし、中には堂々と裁判に打って出た被害者もいる。外食大手・コロワイドの蔵人金男会長だ。

3人の男が蔵人氏に「基幹産業育成資金を融資できる。その代わり諸費用がかかる」などと持ちかけ、17年から18年にかけて計10回、31億5280万円を振り込ませた事件で、だまし取られた金の返還を求めている。

「10回も振り込むまで気づかなかったのが不思議」との指摘があるのも確かだが、そこが「M資金」の底知れなさ。一代で巨大外食グループを形成した人物にさえ、信じ込ませてしまうパワーがあるのだ。時代が変わっても色あせないM資金の〝魔力〟といえるかもしれない。

（野中大樹）

富裕層夢見る男が落ちた罠

「何げなく登録してみただけなのに。まさか貯金がすっからかんになってしまうなんて……」

東京都内のメーカーに勤める40代の田所健太さん（仮名）は緊急事態宣言が出た2020年4月から在宅勤務になり、家に閉じこもる生活が始まった。ある日、ネットサーフィンをしていると、男女の出会いの場を提供するマッチングサイトに行き当たる。

独身の田所さんは「いい人に出会えるかもしれない」と思い切って登録。プロフィールを入力すると、すぐさま女性からメッセージが来た。

「上海在住の20代でした。プロフィール写真はかなりの美人で、手の届かない人かなあと思っていたら、彼女のほうから『休日は何してる?』とか『今度、日本に行くから会いたい』と積極的に声をかけてきたのです」(田所さん)

「見放されたくない」

田所さんが女性に好感を持ち始めた頃、会話に変化が生じる。高級車の写真を送ってきて「最近、この車を買ったのよ」と語り、こう続けた。「FX(外国為替証拠金取引)で1億円稼いだの。あなたもやってみない?」。

それまでの田所さんは、投資とは無縁の生活を送ってきた。戸惑いを見せると、彼女は「私の親族には中国共産党の幹部がいて、極秘に売買のタイミングを教えてくれるの。絶対に勝てるから大丈夫」と太鼓判を押した。

田所さんは、仲良くなりつつあった女性に見放されたくないという思いもあり、「やってみようかな」と決意。女性が指定してきた香港の証券会社に口座を開き、100万円を振り込んだ。

「今、買って」「これだけ売って」という女性の指示に従いながら売買していると、不思議と大きなリターンが得られた。自信を持った田所さんは勧められるままに、貯蓄のほぼ全額に当たる500万円を入金してしまう。

ところがだ。その後、負けが込んでいく。女性は「私の親族も負けることはあるのよ、信じて」と言うばかり。得られた利益も消えて不安を募らせた田所さんが「このあたりで出金しておきたい」と伝えると、「出金するには審査が必要だから時間がかかるよ」と要領を得ない答えが返ってきた。

不審に思い運用画面を注意深く見てみると、どこにも出金ボタンがない。「このシステムはどうなっているの?」と尋ねると、女性からの連絡は途絶えてしまった。

国民生活センターには、20年ごろから「マッチングサイトで出会った女性にFXや仮想通貨を勧められ、大きな額を入金した後に連絡が取れなくなった」といった相談が多く寄せられている。

中国や香港、台湾など中華系の身元をかたることが多く、プロフィール写真はネット上に出回っている画像の使い回し。そもそも直接会っていないので、女性かどうかさえも不明だ。

国民生活センターの担当者は「テレワークなどで時間ができ、マッチングサイトに登録する男性が増えており、そうした人たちが狙われている」とみる。

投資がらみの相談を受けるM&A総合法律事務所でも、20年から「マッチングサイトで投資詐欺に遭った。金を取り返したい」という相談が増えた。駆け込んでくる男性の多くは30~40代の会社員で、被害額は数百万円から多い人だと1000万円を超えるという。

マッチングサイトに登録する男性は女性との出会いに苦労している人が多い。そのため突如として現れた女性に没入しやすく、被害を広げている。中には「だまされているよ」と伝えても「交際しているんだからそんなことはない」とかたくなに主張する人までいる。

調査を進める土屋勝裕弁護士は「マッチングサイト内に組織だった動きが垣間見える」と指摘する。

周囲の助言も耳に入らず

詐欺被害者の相談に乗り、対策を指南してきたディバイン探偵事務所の楠本健一氏は、「詐欺であることは明白なのに、金持ちを夢見て一縷（いちる）の望みをかけてしまう人ほど、傷を深くしてしまいがち」と語る。

神奈川県でＷｅｂ制作会社を経営している松本淳さん（仮名）は、楠本氏が何度も「詐欺だから手を引け」と助言したにもかかわらず言うことを聞かず、上がるか下がるかの二者択一でリスクが高いとされるＦＸのバイナリーオプションで2億円もの損失を出した。

「バイナリーオプションで毎月３００〜８００％の利益を稼ぎ出すプロ集団がいる。彼らに資金を預けてくれれば元本保証で毎月１００％の配当を出す。さらに新たな出資者を紹介してくれれば、投資額の５０％を支払う」

松本さんの元にこんな話が持ち込まれたのは約2年前。プロでも年１５％がせいぜいの世界にあって、あまりにできすぎた話なのだが、松本さんは信じてしまう。

理由はいくつかある。話を持ち込んできた男と対面した際、その男がブランド物の服やバッグで身を飾り、年齢の割に説明がしっかりしていたこと。そして、松本さんたちの後ろの席でも同様の話をしている人がいて、「人気があるんだなぁ」と感じてしまったことだ。今となってはそれも演出だった可能性があるが、すっかり信じ込んでしまったのだ。

松本さんは取引先などに「儲かる話があるから」と出資を募り、男に対して立て続けに資金を渡した。確かに当初は、男が言ったとおりの配当が出た。安心した松本さんはさらに出資を募り、2100万円、5000万円、7700万円と投資額を上積みしていく。

ところが2カ月ほど経った頃から男と連絡がつきにくくなり、配当も滞り始めた。そんなある日、SNSでこんなメッセージが届く。「側近が逮捕され、もうバイナリーオプションでの運用はできない。今後は必ず勝てる別の運用会社で運用したい」。

松本さんは迷った。すでに2億円もの額を投じており、出資者も返済を待っていたからだ。楠本氏が「詐欺だから手を引いたほうがいい」と助言したのはこの頃だ。

しかし松本さんは、「必ず配当を出す」という男の言葉を信じ、投資を続ける決断をしてしまう。

男が紹介したFX運用会社が法人登記されている場所は、南太平洋の小国サモア。FXの世界で、海外の運用会社は「詐欺である可能性が極めて高い」といわれる。案の定、運用されているのかどうかもわからぬまま損失だけが確定。

男とは連絡も取れなくなってしまった。松本さんは「加害者」として出資者から訴訟を起こされ、自責の念に駆られている。

一発で大きく儲け、富裕層になりたいと考えるのは人間のさが。しかし世の中にそんなおいしい話は転がっていない。投資する際にはしっかりと知識を身に付け、信頼できる専門家に相談する。そんな慎重さが必要だ。

（野中大樹）

【週刊東洋経済】

本書は、東洋経済新報社『週刊東洋経済』2021年1月9日号より抜粋、加筆修正のうえ制作しています。この記事が完全収録された底本をはじめ、雑誌バックナンバーは小社ホームページからもお求めいただけます。

小社では、『週刊東洋経済eビジネス新書』シリーズをはじめ、このほかにも多数の電子書籍ラインナップをそろえております。ぜひストアにて「東洋経済」で検索してみてください。

『週刊東洋経済eビジネス新書』シリーズ

No.341　就職氷河期を救え！
No.342　衝撃！　住めない街
No.343　クスリの罠・医療の闇
No.344　船・港　海の経済学
No.345　資産運用マニュアル

No.360　定年消滅
No.361　激動の半導体
No.362　不動産　勝者と敗者
No.363　弁護士業界　最前線
No.364　YouTubeの極意
No.365　デジタル大国　中国
No.366　地銀　大再編
No.367　おうちで稼ぐ！
No.368　老後マネーの育て方
No.369　製薬　大リストラ
No.370　リスクシナリオ　2021

週刊東洋経済eビジネス新書　No.371
富裕層マル秘マネー学

【本誌（底本）】
編集局　梅垣勇人、藤原宏成、田島靖久、野中大樹、福田　淳
デザイン　池田　梢、小林由依
進行管理　三隅多香子
発行日　2021年1月9日

【電子版】
編集制作　塚田由紀夫、長谷川　隆
デザイン　市川和代
制作協力　丸井工文社
発行日　2021年9月30日　Ver.1

発行所　〒103-8345
東京都中央区日本橋本石町1-2-1
東洋経済新報社
電話　東洋経済コールセンター
03（6386）1040
https://toyokeizai.net/
発行人　駒橋憲一

電子書籍化に際しては、仕様上の都合などにより適宜編集を加えています。登場人物に関する情報、価格、為替レートなどは、特に記載のない限り底本編集当時のものです。一部の漢字を簡易慣用字体やかなで表記している場合があります。本書は縦書きでレイアウトしています。ご覧になる機種により表示に差が生じることがあります。

※本刊行物は、電子書籍版に基づいてプリントオンデマンド版として作成されたものです。